第3章

生き抜くためのスピリチュアルケア

——精神科領域におけるスピリチュアルケアの実践——

第4章 スピリチュアルケアとその専門職の養成

第6章

序章

仏教は現代人の心の悩みに答えることができるのか

仁愛大学准教授
坂井祐円

① 一つのエピソードから

この序章を書き起こそうとしていた頃、私はあることでひどく悩んでいた。これまでも人並みに悩みの一つや二つくらいはあった。それでも、なるようになるさ、の感覚でそれなりに対処してきた。しかし、今回は違った。自分の中で大切していた一つの信念のようなものに揺らぎが生じて、内側から崩れていく感覚があった。

深刻な悩みに取り憑かれたときというのは、得体の知れないドロッとした重苦しい情念のかたまりのようなものが襲ってくる。気力が奪われ、心身の動きがとめられてしまう。とにかく考えないようにすることだ。頭から切り離そうとしても、いつのまにかこのかたまりが胸の奥あたりからとめどなく沸き上がってきて、苦しくて仕方がない。それに胃のあたりにキリキリと痛みが走って、食欲も出てこない。

これは仕事や生活に支障が出るなと思った。一種の抑うつ状態である。それでも医者に行こうとか薬に頼ろうとは思わなかった。自分でなんとかしよう。自分の力で解消できるはず。根拠のない自信を支えに、やっとの思いで自分を奮い立たせていた。睡眠も浅く、すぐに目が覚めてしまう。こういうときは気持ちを落ち着けることが大事だ。そこで、瞑想の真似事もしてみた。心理臨床の世界でも、マインドフルネスは大流行りである。これは悩んでしんどいときにこそ実践する意味があるだろう。

やり方が合っているのかはわからないが、ゆっくりと呼吸を整え、からだを脱力させていくと、確かに少しずつ楽になる感覚はある。けれども集中力が途切れると、再び頭の中に同じことがくり返し浮かんでくる。さらに妄想的な観念までまとわりついてくる。どうすればよかったのか、自分の何が悪かったのか。いたたまれない虚しさや、自己否定の感情に、打ちのめされそうになる。

そのうち私は、「セルフコンパッション（self-compassion）」を取り入れることにした。これは、上座部仏教の修行者が実践していた「慈悲の瞑想」に由来する。パーリ仏典の「慈経（Metta Sutta）」に説かれる「生きとし生けるものが幸せでありますように」（Sabbe sattā bhavantu sukhitattā）という基本精神のもと、自身に慈悲の心を向けて、「私の悩みや苦しみがなくなりますように」という言葉を唱えていく。そして、これをすべての生命へと広げていくというのが、慈悲の瞑想である。

セルフコンパッションでは、まずはつらく苦しんでいる自分をありのまま認めることから始める。

そして、心の中で自身を包み込むように癒しの言葉をかけていく。そして、自分一人だけが苦しいわけではなく、「こんな経験をしたら誰だって同じように苦しむはず」「苦しい時期は誰にでもやってくるし経験するもの」といった誰でもの思考を促していく。このようにして、自分に対する思いやりの心、慈しみの心を高めていくことで、苦しみが緩和される状態を目指すのである。

この実践は、心の中に二人の自分、思いやる自分と傷ついている自分とを想定し、対話形式で行っていくと、より効果が出てくるように感じた。最初のうちは、温かな気持ちが流れてきて呼吸も穏やかになっていった。けれども、自分を思いやり自分は悪くはないんだと慰めていくうちに、やがて今度は相手の不条理さや身勝手さが強く感じられ、怒りや恨みの感情が沸き上がってくる。相手が悪いわけではないと言い聞かせながらも、相手に責任のすべてを押し付けることで楽になろうとする自分が出てくる。そうした自分に愚かさを感じて嫌気がさしてしまう。

このように、セルフケアを続けてみたものの、同じところをぐるぐる廻っていく反芻思考におちいり、重苦しい感覚はなかなか解消する気配がなかった。あるとき私は、大学で一人の学生と話しているときに、しんどさが増してきてしまい、つい自分の抱えている悩みを口にしてしまった。自分の弱さを学生にさらけ出すことに躊躇しながらも、どこかで自分を物語ることを強く欲していたことに気づいていた。

その学生は、こちらを見ながら静かに私の語りを聞いていた。話の内容を理解しよう、共感しようという姿勢が感じられ、話しやすかった。そうして、私の語りが一息ついたあとで、次のように言った。

「先生も悩んだりすることがあるんですね。なんだか安心しました。でも、先生は何も間違ってないと思いますよ。自分の信念にしたがって、できるだけのことを精一杯やった。だけど、相手はまったく違う受け取り方をしたわけですよね。それってもう先生の元から離れた問題じゃないんですか。それに、そのあとのことだってどうしようもないと思います。それこそおまかせする、ゆだねるほかないってことですよね。」

意外な言葉だった。この学生からこんな言葉が返ってくるとは思いもよらなかった。

「おまかせするって、誰にまかせたらいいわけ？」

「いや、えっと、自分を超えたいのちのはたらき、でしたっけ……。あの、それって、先生が以前に、ご自分でおっしゃっていたことですよ。」

「えっ？……ああ、そうか、そうだね。確かに、そういうことをよく言ってたかなあ。」

「私もしんどかったときに、あとはおまかせしたらいいんだって言われて、楽になったこともあったので……。」

なんだか不思議な感覚に包まれていた。この学生との会話を通して、私は過去に自分が発した言葉と出会うことになった。おまかせするとか、ゆだねるというのは、浄土仏教の「他力」の考え方に由来する。一般的に「他力本願」という言葉から連想されるのは、他人をあてにして自助努力を怠っているという悪い意味であるが、これはまったくの誤用である。本来の意味は、大いなるいのちのはたらきに身をゆだねること、それによって我執から離れることができ、あるがまま自由になることを意味する。

「大いなるいのちのはたらき」というのは、大乗仏教の「空」の思想を踏まえている。宇宙のすべての事象や出来事は、相互に依拠しあい、関係しあい、つながりあっている（「縁起」）。独立して存在しているものなど何一つとしてない（「無自性」）。その調和的でホリスティックな宇宙の法則が「空」であり、これが個々人の中にはたらきとして実感されるときには、「大いなるいのちのはたらき」という受け止めになる。

苦しみや悩みというのも、空性によって現れるいのちのはたらきなのだとすれば、これはもはや私を超えた仏（大いなるいのち）からの問いかけであり、大切な気づきを促されていると言ってよいだろう。そんなふうに考えていくと、悩みを抱えていた私が、その学生と会い、悩みを語り、聞いてもらう機会を得たことも、いのちのはたらきであり、そこでおまかせする、ゆだねるという発想に改めて教えられたことも、いのちのはたらきなのだと気づかされる。そして、そのように感じられたことで、心の奥底に溜まっていた情念のかたまりがゆっくりと解きほぐされていく実感が湧いてきた。私の中で、悩みの状態が変化していく糸口が見えた瞬間でもあった。

② 心の病という時代

本書は、心の悩みという問題をめぐって、仏教のものの見方を一つの切り口として、その解決の方向性を考えてみよう、という試みである。

人は誰でも悩んだ経験をもっている。今も何かに悩んでいるという人は少なくないだろう。人生の様々な局面で、そのつどに悩みは起きてくる。いつの時代でも人は悩んできた。悩みは時代を反映する鏡でもある。私たちは今、この時代を生きている。この時代であるからこその悩みの特徴というのもあるように思う。現代では、とりわけ心の病ということが頻繁に意識されるようになっている。誰もがメンタルの不調を訴え、心の病になってしまう時代。私たちは今、そんな時代を生きている。

心の病といっても、精神科や心療内科で診断名がつく精神疾患のことを指すとは限らない。たとえば近年では、感染症のパンデミックが起こり、自粛制限によって生活様式が変化し、医療の逼迫や経済困窮が広がった。また自然災害の激しさは年々増しており、国際情勢は緊張が高まって不穏であり、世界経済は厳しい状況が続いている。こうした先行きの見えない不透明さから、社会不安が急速に広がっている。

この「不安」という状態は、精神疾患ではないが、どこかすっきりとせずに、漠然としながら落ち込んでいく感覚がある。こうした不協和な心の状態を表す言葉を、私たちはわりと日常的に使っている。それは、「ストレス」や「トラウマ」、「うつ」、「依存」、「パニック」、「ヒステリー」などといった言葉にも、同じことが言える。これらの言葉には、現代人の心模様がよく表れている。それに、こうした心の状態は、程度が高まれば精神疾患ともすぐに結びつく。不安障害、PTSD、うつ病、依存症、パニック障害、解離性障害、転換性障害といった具合に、心の病はグラデーションとして表出してくるのである。

一方で、共同体感覚が希薄になった人間関係の中で疲弊し喘いでいるのも、現代人の悩みの特徴と言えるだろう。それは、親子関係であったり、夫婦関係であったり、恋愛関係であったり、ごく身近な友人関係であったり、学校のクラスメイトや先生との関係、職場の同僚や上司との関係であったり、あるいは援助者と被援助者との関係であったりする。誰かと情緒的に深い関わりを持つことで、生きづらさや傷つきやすさを敏感に抱えてしまう人々が、確実に増えている。相手との心理的な距離や匙加減がうまくつかめないのである。

こうした人々の中には、たとえば、依存心が強く、頼ってきて親しくなったなと思っていたら、些細なことで急に怒りを顕わにし、いつのまにか避ける、拒否するといった態度になるといったように、気分の変調が著しい人がいる。あるいは、自己主張することには長け、遊びや趣味には意欲的であるが、責任のある仕事などにはやる気を出さず、倦怠感を訴える。自分に都合が悪いと思えば簡単に放り出し、失敗や不都合は他人のせいにするなど、自己本位で自由奔放な人がいる。これらはディスチミア親和型のうつ病（新型うつ）という形で認知されてきた。とはいえ、その背後には発達障害、もしくはパーソナリティ障害といった個人の特性や気質に関わるような心の病が潜んでいることも考慮する必要があるだろう。

発達障害やパーソナリティ障害という概念は、現代人の悩みの特徴を考える上で重要な視点を提供している。これらは障害という名称がついてはいるが、実質的には性格傾向を捉えた推定的な基準にすぎず、傍目にはわかりにくいものである。発達障害には「スペクトラム」という捉え方があり、パーソナリティ障害には「ボーダーライン」と呼ばれる症状や病態の水準がある。また、最近では「グレーゾーン」といった言葉を使うこともある。これらは、使い方はそれぞれ異なるとはいえ、あいまいな境界のもとで、まだら模様のように分散的に症状や問題が出現してくることを捉えている点で共通している。ここには信頼できる安全基地がなく、自分を守るために自我を肥大化させざるを得ない、不安定で未成熟な心の状態が象徴されている。これらの障害をもつ当事者は、苦しんだり傷ついたりしているとはいえ、自分の何が問題なのかを理解していない場合も少なくない。そのために、むしろ周囲にいる者のほうが振り回され、困惑や葛藤や怒りなどが誘発されてしまう。軋轢や対立も生まれやすいので、周囲を巻き込んで、疎外感や孤立感に苛まれていく。

人間関係によって極度に疲弊し傷ついた人々の中には、破滅的になったり攻撃的になったりすることもある。これが高じていけば、自傷行為、摂食障害、薬物の乱用、アルコール依存、セックス依存、セルフネグレクトなどを引き起こし、希死念慮や自殺の衝動に駆られていく。あるいは、いじめ、ハラスメント、虐待、DV、殺傷などを起こす加害者になっていく。あるいは、社会そのものから自身を遠ざけ、心を閉ざして引きこもりになっていく。

こういった人々は極端な例かもしれない。大多数の人は、そこまで危機的な状態にはならずに、ある程度の心のバランスをとって生きてはいる。けれども、どことなく自信がなく、漠然とした不安や疲労感を抱え、ときおり寂しさや虚しさが襲ってきて、生きることに嫌気がさしてしまうことがある。娯楽や趣味もしくは仕事などで気を紛らわせるようにしているが、何かをきっかけに簡単に心のバランスがくずれ、心の病として表れてくる。こうした精神状況は、現代人の誰もがもっている感覚ではないだろうか。

古来より人間の苦しみの根本は、「生・老・病・死」と言われてきた。老いていき、病いになり、死んでいくことは、現代においても変わらず人々の悩みの大半を占めている。認知症の増加や家庭内での介護、あるいは孤独死への不安などは、超高齢化社会であるからこそ突出してきた悩みである。うつ病や不安障害を抱える高齢者も多いが、ケアする側も共依存におちいりやすく、共感疲労や二次受傷といった問題を抱えやすい。これが高じるとバーンアウトになり、自責感や罪悪感を抱えながら生きることにもなる。

こうした人々の中には、神経が細やかで感受性が強いＨＳＰ（Highly Sensitive Person）と呼ばれる性質に当てはまる人がいる。ＨＳＰは近年になって注目を浴びるようになった心理概念である。感覚的な刺激に非常に敏感なために、周りの空気を察して気づかいや共感力が高い反面、些細なことでも全力で受け止めストレスを溜め込んでしまうなどの傾向を示す。自分よりも他人を優先させるので、自然体ではいられず、いつも無理をしながら生きている感覚がある。援助職にはこうした性格傾向を示す人が多くいる。

現代人の悩みの特徴を考える上でもう一つ触れておきたいのは、私たちを取り巻く生活環境の変化、インターネットの普及による情報メディア社会の影響である。今や私たちの日常は、これまでの時代にはなかったソーシャルメディア（ＳＮＳ）を介したコミュニケーションが普通になっている。オンラインによる人と人との交流は、ますます拡大していくと思われるが、一方でネット社会への過度な依存が深刻化している。

典型的なのは、スマホを片時も手放すことのできない若者たちである。彼ら彼女らの中にはネット社会がもたらす架空の夢物語や仮想現実にどっぷりと浸かっている者が多い。仮想のアイドルに熱狂して、妄想を膨らませることで現実では満たされない愛情欲求を補おうとする。オンラインゲームに没頭し、自分が主人公になることで幼児的な万能感を満たしていく。これらの依存は強烈な中毒性をもっており、脳機能や自律神経系への深刻な影響も懸念されている。それは、衝動性や攻撃性を抑えられず、集中力や記憶力が持続せず、情緒的な安定性を欠いてしまうなど、発達障害の症状によく似ている。

ネット社会への依存から見えてくるのは、何も若者の問題に限った話ではない。若者たちが仮想現実の世界にのめり込んでいくのも、一人でいることの寂しさや虚しさを逃避的に忘れさせてくれるからであろう。ネット社会は彼らにとって、孤独を埋め合わせる場の一つにすぎない。つまり、現代人にとって本当に深刻なのは、深い傷つきとしての「孤独」の問題なのである。そもそも現代人が様々な心の病を引き起こす根底には、孤独が常に潜んでいる。近年では、孤独は死亡リスクを早める最大の要因であるとして、国家レベルで対策が打ち出されるほどである。

とはいえ、孤独の何が問題なのか。孤独の本質とは何だろう。現代人の孤独は、「つながり孤独」と呼ばれるアンビバレントな心理に代表されることがある。これは、リアルな友人もそれなりにいるし、ＳＮＳでもいろいろな人とつながっているが、情緒的にはつながっている実感が全くわかず、自分のことを本当にわかってくれる人は誰もいないという思いを抱いてしまう、といった孤独である。つながり孤独の人は、自己肯定感が揺らいでおり、心の深層では、自分には価値がない、誰からも愛されていない、という感覚がある。孤独が苦しいと感じるのは、一人であること以上に、実は自分の存在意義が見出せないことが問題なのである。そして、このことはまた、心の悩みの本質をも示唆している。

現代人は心の悩みに満ちている。それは、個人があまりにも先鋭化したために、自己愛を満たすことが生きる目的になっているからである。自己愛とは、結局のところ、自分の存在意義を見出したいとする実存的欲求にほかならない。ところが、この世界はいつでも実存的欲求を満たしてくれるわけではない。だからこそ、そこに孤独が生じ、虚無感や無力感に支配されてしまう。こうした心の悩みを乗り越えていくにはどうしたらよいのか。その答えを仏教の考え方に尋ねてみたいというのが、本書のねらいである。

③ 人生は苦しみであるが、苦しみは乗り越えることができる

人生は苦しみの連続である。苦しみ（duḥkha）とは、直接には痛みや憂いのことを指すが、総じて「圧迫して悩ますもの」という意味がある。ここからイメージされるのは、胸が締めつけられるような、自分ではどうすることもできない痛みの感覚である。つまり、苦しみとは、思い通りにならない心と体の状態を捉えた言葉なのである。

仏教は、その初期から今日に至るまで、一貫して人間のもつ苦しみや悩みと向き合ってきた。仏教の思想と実践の体系は、いかにして苦しみを乗り越え、悟りの世界へと入っていくのかを主題として

いる。とはいえ、一口に仏教といってもそう単純ではない。釈迦を開祖とする仏教は、約2500年という有数の歴史をもち、インドから中央アジア、東アジア、東南アジアにまたがる幅広い地域に伝播し、現代では欧米地域にも独自の文化圏を形成している。また、初期仏教の形態をできるかぎり維持してきた上座部仏教と、根本分裂から部派仏教への批判を経て独創的な展開を遂げた大乗仏教の二つの流れ。さらには、それぞれの地域の土着の信仰や習俗と融合した、その土地の人々の生活文化に根ざした仏教までを考えると、その奥行きはあまりにも広大で、全体像をとらえることは至難というほかない。

本書では、仏教が現代人の心の悩みや苦しみの問題にどう答えるのかを示すために、広範囲におよぶ仏教の思想と実践の中でも、とりわけ近現代において西洋の心理学、心理カウンセリングや心理療法、対人援助などに関わる領域との思想的な交流や対話の中から融和的統合的に展開してきた、「仏教心理学」の様々な実践を取り上げることにする。

仏教心理学という言葉は、人口に膾炙されているわけではない。ただ、仏教には、苦しみや悩み、総じて煩悩を克服するために、瞑想によって自己の心の内へと沈潜し、鋭利なまでにこれを深く省察し探究してきた伝統がある。初期仏教の十二因縁の考察や部派仏教のアビダルマはその典型であり、さらに精緻な考察としては大乗仏教の唯識思想がある。唯識は、この世界は「ただ心（識）のみ」とする仏教的唯心論を立場として、心の構造と煩悩が生じる仕組みを明らかにし、心の転換によって悟りの智慧が開かれていく道程を、高度な論理によって示している。これは、西洋近代に始まる心理学の流れとは異なるとはいえ、心の道理を明らかにするという意味ではまさしく心理学の体系と言っていい。

このように、仏教には「仏教心理学」として解釈できる一面がある。しかも、こうした素地があったからこそ、近代になって西洋の心理学との有意義な思想交流や対話を行うことができたのであり、心の悩みを抱える現代人への心理支援やケアのあり方に対しても有効な示唆を与えることができるのだろうと思う。

現代における仏教心理学の実践や実例については、本書の各章にその詳細を譲ることにするが、ここでは本書の背景となっている心理療法や心理カウンセリング、ならびに対人援助やケアの実践について概観することで、現代人の心の悩みや苦しみに対する処方箋についての一つのガイダンスとしたい。

（1）日本独自の心理療法

近代の日本において、最初に明確な意識をもって「仏教心理学」という視点を提起したのは、井上円了（1858–1919）である。井上は、日本の仏教哲学の黎明期を築いた人物でもあり、西洋の哲学史と心理学史の知識を踏まえて、アビダルマや唯識思想との比較考察を行い、その成果を『東洋心理学』

（1894）ならびに『仏教心理学』（1897）といった一連の著作で発表している。また、心の病を治療する方法について考察した『心理療法』（1904）という著作も出している。

井上は、「心理療法」という言葉を最初に用いた名づけ親でもあるが、その中でもとくに自然治癒力を開発していく最良の方法を、「自然的自観法」と呼んだ。これは、生死の問題や精神の疾患というのは人間の力だけではどうにもならないと悟って、自然にまかせていくという自己洞察の方法である。人は心の病になると、まずは人為に頼って治療しようと考えてしまうが、あまりに人為を頼りすぎると、かえって自然治癒力を妨げてしまう。要するに、心理療法が帰結するところは、「自然にまかせる」という覚悟であり、そうした覚悟に入ることで、心の病は自ずから治癒するというのである。

井上の考え方は、日本独自の心理療法を生み出す土壌にもなった。森田療法と内観療法である。森田療法では主に不安神経症の患者を対象にしているが、患者の「こうでなくてはならない」という強迫的な態度を緩和して、このままでいいという「あるがまま」の現実に身をまかせることで、安心を体得させていく方法を取っている。また、内観療法の内観とは「自己が体験してきた事実を内省的にありのままに観察すること」を意味するが、これは自観法と同じである。集中内観では、主に家庭問題などの過去の出来事を詳細に思い出させることから始めるが、紆余曲折を経たプロセスの終盤には人生物語の転換が起こる。それは、自己イメージの中の他者と和解するとともに、様々な助けがあったからこそ自分が今ここに存在している、そうした愛されている自分を発見することで、感謝の念が湧いてくる。このとき、自我の殻が破れた先には「あるがままの自分」が現れてくるのである。

日本独自の心理療法は、近年では国際的な広がりを見せており、その汎用性や有効性が改めて見直されつつあるが、その源流に「自然にまかせる」という仏教の見方があることは、もっと注目されてもよいだろう。

(2) カウンセリングとトポスの知

1960年代、アメリカ西海岸から起こった西洋の伝統的な価値観へのカウンター・カルチャーの気運の中で、ヒューマニスティック心理学の旗手たちが革新的に展開したのは、ヒューマン・ポテンシャル・ムーブメント(人間性回復運動)だった。これを主導していた一人に、カール・ロジャーズ(1902–1987)がいる。言わずと知れたクライエント中心療法の提唱者である。傾聴における共感と受容の大切さに着目し、パーソン・センタード・アプローチをベースとするカウンセリングの理論を打ち立てた。

ロジャーズの示した「クライエント中心」というあり方。よくよく考えると、これは奇妙である。傾聴とは「私がクライエントの語りを聞く」ことである。ここで主体となっているのは「私」であり、「クライエント」は客体である。中心はあくまで「私」。ところが、傾聴とは「クライエント」が中心であるという。これは普通の文法に即してみると表現できない。もし、これをなんとか表現しようとするならば、「私がクライエントの語りを聞く」とするしかない。要するに、「クライエント中心」というのは、語りを傾聴するセラピストが「私を無にする」ことによって初めて成立するのだ。クライエントを尊重し、その語りに優先的に耳を傾けているときには、「私」がかき消え、無心になっている。この状況がさらに深まっていくと、クライエント自身も安心して自分の語りに集中していくので、クライエントの主体もまた無心になっていく。このようにパーソン・センタード・アプローチを徹底していくと、二つの主体は無心になり、脱中心化して、ついには「語る—聞く」という相互的で純粋な関わりのみとなる。

こうした関わりの世界を、西田哲学の用語では「無の場所」と表現する。西田幾多郎（1870–1945）は、意識作用の構造を省察する中で、実在として意識の対象となるものは常に「〜に於いてある」ことによって現象しているという論理を見出し、これを「場所的論理」と呼んだ。場所はギリシャ語で「トポス（τοπος）」である。トポスは、静態的に見えるが、実際にはダイナミックな生成をくり返している。西田哲学では、主体の転換が起こることによって、「トポスの知」（関わりの世界、無の場所）が開くと考える。

同じことを鈴木大拙（1870–1966）は、「即非の論理」として明らかにした。『般若経』の「色即是空・空即是色」、「ＡはＡにあらず、ゆえにＡなり」の定式化である。大拙は、Ａの否定から根本転換して再びＡが蘇るとき、そこに「無のはたらき」を見る。無のはたらきとは、まさしく「トポスの知」、深層からの大いなる治癒力である。

このような超越的なトポスの知によってカウンセリングが成立すると考えるのが、仏教カウンセリングである。仏教カウンセラーは、クライエントの語りを共感的に受け止めつつ「聞く」と同時に、その内面において「仏」というカウンセラーからの呼びかけを「聞く」。そしてまた、クライエント自身も、（無自覚に）その呼びかけに応じて、自己治癒力を発動していく。「仏」の呼びかけとは、苦しみや悲しみの心に静かに寄り添う慈悲のはたらきであり、衆生を苦しみから解放して悟りに導こうとする根源からの願いである。

ヒューマニスティック心理学が大きな期待をかけたヒューマン・ポテンシャル、人間性の回復力は、人間を超えてはたらきだすトポスの知にこそ見出されるべきだろう。

（3）無心のマインドフルネス

マインドフルネスという言葉は、日本では2000年代の後半になってから、商業化や大衆化の波にのって広く知られるようになった。これはアメリカで生まれた心理療法としてのマインドフルネス瞑想が、現代人のストレスや心身の健康に有効であるとの認識のもとに流入してきたものである。近年では、心理臨床に携わる人々の中にも、マインドフルネスに関心をもつ者が急速に増えている。その多くは認知行動療法の第三世代という位置づけや心の科学としての瞑想という理解のもとで、宗教色が払拭され、エビデンスが重視されるのが特徴である。

現在さまざまに拡大しているマインドフルネスの原点にあたるのは、マサチューセッツ大学医学部の分子生物学者であったジョン・カバット・ジンが開発した「マインドフルネスストレス低減法（mindfulness-based stress reduction, MBSR）」である。これは1979年に大学内に開設したストレス低減クリニックで始められたもので、慢性の痛みを抱える患者を対象にした8週間の瞑想プログラムとして確立した。

もともとmindfulnessという英語自体は、マインドフルネス瞑想が開発される以前から知られていたもので、パーリ語のsatiに由来する。これは初期仏教の教えである八正道の一つ、「正念」を指している。イギリスのパーリ聖典協会を設立したリース・デーヴィッズ（1843-1922）がsatiをmindfulnessと訳したことで、この言葉が定着することとなった。

欧米社会にマインドフルネスの考え方を最初に普及させたベトナムの禅僧ティック・ナット・ハン（1926-2022）は、mindfulnessを「気づき」であるとし、awarenessと同じく自己覚知（悟り）のあり方と捉えていた。しかしながら、MBSRに始まるマインドフルネス瞑想の広がりによって、「今ここの自己に注意を集中すること」、「価値判断を行わずありのままの事実に注意を払うこと」といった「注意」を中核概念とする認知のあり方が強調されるようになった。この世俗的なマインドフルネスは、単に感情や思考をコントロールするための訓練メソッドになってしまっている、という批判が仏教側から起きている。

禅仏教では、心というものを「有心」と「無心」の二つに区別する。「有心」から見える世界では、人間や生き物や事物のすべてがバラバラで、孤立的に存在しているというヴィジョン（幻想）をもつ。この中心には、欲望的で実体的なエゴとしての「私」がいる。この有心のあり方から抜け出すことができたとき、初めて「無心」に開かれる。それは統合とつながりの世界であり、エゴから離れた「無私なる私」への気づき、つまりは関係的自己を生きることである。世俗的なマインドフルネスは、「有心」のまま行われており、エゴなる「私」の意識が強化されるばかりで、根本的な解決にはなっていない。

そもそも西洋の心理学や現代の脳科学が対象にしている心は、有心を前提にしているため、無心のマインドフルネスに辿りつくことがない。そこで、まずは有心を鎮めていき、無心が顕われてくるように瞑想を始めることが肝要である。ここで道元禅師（1200–1253）の『正法眼蔵』「生死の巻」の有名な言葉を引用する。

ただわが身をも心をも放ち忘れて、仏の家に投げ入れて、仏の方より行われて、これに従いもてゆくとき、力をも入れず、心をも費やさずして、生死をはなれ仏となる。

身も心も仏の家に投げ入れることで、仏のほうから自然に物事が立ち現れ進んでいく。この事態をありがたく受け取るのであれば、力を入れる必要もなく、無理なはからいを起こす必要もない。そこでは安心に包まれている感覚があり、だからこそ、そこからもう一度、日常へと立ち上がっていくことができる。どうやら無心のマインドフルネスとは、浄土仏教の「他力」への目覚めと同じことを伝えているようだ。

（4）スピリチュアルケアと臨床宗教師

20世紀の後半に、死生学の観点からケアの本質に迫ろうとする動きが、終末期医療の現場から起こった。スピリチュアルケアである。これは近代ホスピス運動の草分けであるシシリー・ソンダース（1918–2005）によって提唱された。ソンダースは終末期患者に対するケアの主軸として疼痛緩和によるケア（palliative care）の重要性を強調しこれを推進したことで、今日に至る終末期医療の基礎を作った。

原初的な意味でのスピリチュアルケアは、スピリチュアルペインを対象とした緩和ケアのあり方を指す。ソンダースは、スピリチュアルの意味をヴィクトール・フランクル（1905–1997）の実存心理学に影響を受けつつ定義するとともに、キリスト教の伝統的なケア（pastoral care）の実践理念である「魂の配慮（Seelsorge）」に倣っている。スピリチュアルペインとは、生きる意味に対する苦しみであり、実存的苦悩を指している。

これに関連して、アメリカの医療人類学者で禅僧のジョアン・ハリファックスが提案したGRACEについて触れておきたい。GRACEとは、終末期ケアに関わる人のための「Being With Dying―死にゆく人と共にあること」を考えるトレーニング・プログラムである。ケアする人は、自身の死生観について深く考え、コンパッション（慈悲心、思いやり）に基づく体験的な学びが必要である。この学びは、G（gathering attention 瞑想を通して、今ここに注意を集める）、R（recalling intention 自分が今ここにいる意図を思い起こす）、A（attunement to self/other 自分に波長を合わせ、他者に波長を合わせる）、C（considering what will serve 他者のもつ様々な要因について考慮する）、E（engaging and ending 他者に関わり、実行し、結果を受け入れて終える）、という5つの構成要素で成り立っている。これはスピリチュアルケアの内的プロセスを仏教の観点から具現化したものである。

日本では2007年に「スピリチュアルケア学会」が設立され、宗教者と医療者がともにスピリチュアルケアを考えていく基盤が形成された。そうした中、2011年に東日本大震災が起こると、被災地における心のケアの担い手として、宗教者の活動が注目されるようになった。こうした動きから宗教者がケアの現場に入っていく意義が求められ、「臨床宗教師」と呼ばれる宗教者のケアの担い手を養成する講座が東北大学大学院に開設された。養成講座の開設は他大学にも広がり、2016年には「日本臨床宗教師会」が発足している。

臨床宗教師の活動は、終末期医療の現場に限定されてはいない。被災者支援、グリーフケア、自殺予防、自死遺族へのケア、それから精神医療や高齢者福祉など、生と死が交差する危機的な現場では人間のスピリチュアルな側面が表出せざるを得ない状況が起こっており、そうした苦しみや悩みに深い理解を示す宗教者の関わりが求められる。

臨床宗教師は、宗教という言葉が名称の中に入っているので、ケアの関わりを通して布教活動を行おうとしているのではないかという懸念を抱かれやすい。しかし実際はまったくちがう。臨床宗教師の基本的な関わり方は、相手の状態に合わせて寄り添っていくことに徹しており、ケアリングの基本に忠実である。相手から宗教的な教えや儀礼を行うことなどを求められれば応えることもあるが、そうした場合でもケアする側はあくまで being with の姿勢を崩すことはないのである。

本書は七つの章から構成されている。各章の執筆者は、立場はそれぞれであり、様々なバリエーションをもつ仏教心理学の理念と実践に関わっているが、いずれの章にも現代人の心の悩みや苦しみを解消していくためのメッセージが隠されている。これらのメッセージをどう掘り起こすのかは読者のご判断におまかせするほかないだろう。

参考文献

Kabat-Zinn, Jon, 1990, *Full catastrophe living: using the wisdom of your body and mind to face stress, pain, and ill-*

ness, Delta Trade Paperbacks（春木豊訳『マインドフルネスストレス低減法』北大路書房、２００７年）
井上円了「仏教心理学」「心理療法」『井上円了選集　第10巻』東洋大学　１９９１年（発行）・２０１２年（Web 公開）、https://www.toyo.ac.jp/site/enryo/select.html（東洋大学学術情報リポジトリ）
恩田彰『仏教の心理と創造性』恒星社厚生閣、２００１年
坂井祐円・西平直編『無心のケア』晃洋書房、２０２０年
ジョアン・ハリファックス（井上ウィマラ監訳・中川吉晴他訳）『死にゆく人と共にあること――マインドフルネスによる終末期ケア――』春秋社、２０１５年
鈴木大拙「金剛経の禅」「般若の哲学と宗教」『鈴木大拙全集　第5巻』岩波書店、１９６９年
谷山洋三『医療者と宗教者のためのスピリチュアルケア――臨床宗教師の視点から――』中外医学社、２０１６年
樽味伸「現代社会が生む〝ディスチミア親和型〟」『臨床精神医学34-5』、２００５年
ティク・ナット・ハン（アーノルド・コトゥラー編・池田久代訳）『微笑みを生きる――〈気づき〉の瞑想と実践――』春秋社、１９９５年
中村雄二郎「場所―無の論理（第3章）」『西田幾多郎Ｉ』岩波書店、２００１年
西田幾多郎（上田閑照編）「場所」『西田幾多郎哲学論集〈１〉』岩波書店、１９８７年
藤田一照「仏教から見たマインドフルネス――世俗的マインドフルネスへの一提言――」貝谷久宣・熊野宏昭・越川房子編『マインドフルネス――基礎と実践――』日本評論社、２０１６年

第1章

3つの質問で本当の自分に出会う内観療法

――心身一如のコンセプトと共に――

心身めざめ内観センター主宰
千石真理

はじめに

内観療法は本邦で開発された独自の心理療法として国内外で知られている。浄土真宗僧侶、吉本伊信（1916–88）が創始した自己探求法であり、自己啓発的側面と同時に心理療法的側面を持つ。自己理解を深めるために、精神的に健康な人が自己反省法の一環として行う場合と、アルコール、薬物、ギャンブル依存症、摂食障害、抑うつ、不安、脅迫障害を含む神経症や、心身症、適応障害などには精神面の治療として適応される。その他、矯正施設、福祉、教育の現場等、多くの分野で活用されてきた。

教誨師《きょうかいし》、そして京都刑務所篤志面接委員でもあった吉本が受刑者に内観を指導すると、内観を施行した各地の施設では再犯率が著しく低下した。矯正界で内観が黄金期を迎え、一般社会でも内観が広く普及した。その後、1978年に内観学会が設立され、医療現場、教育現場でも内観の適用が広まった（川原 1998）。1950年代末葉から2000年代初頭が最も内観療法が日本社会において注目されていたのではないかと思う。

現在のところ、世間一般では内観は道徳的、古臭いというイメージが強く、内観を受けたいという人はほとんど見当たらない（Chilson 2020）と旧知の内観研究者は嘆く。また、ある内観臨床家が著名な心理学者に問うたところ、内観の短期化が、内観、再普及への鍵になると助言を受けた（大山 2018）。その一方で、現在、北京、上海を含む中国各省では内観が広く普及し、大学病院の精神科、心療内科での保険適用診察の他、民間の内観研修所でも、中国文化、風習、生活上の問題に合わせた独自の内観変法が誕生している（夏 2020）。また、日本、中国でEメール内観（大山 2016）、インターネットを活用した内観（李 2020）が試みられている。このような背景も踏まえ、本章では筆者が従来の内観療法を短期で深化させるために考案、実践している心身めざめ内観を紹介しつつ、変わらざる内観療法の原点、神髄について考察を深める。

① 現代人と内観

（１）内観原法と３日目の壁

◆内観の方法

内観とは文字どおり、自分の心の内を観ることであり、自分自身を、また、人間の本質をより深く理解することができる。具体的なやり方としては、自分にとって大切な人々、例えば母親、父親、祖父母、兄弟、配偶者、子どもなどとの関係を「してもらったこと、お返ししたこと、ご迷惑をかけたこと」という3つの命題にそって調べていく。母親がその頃不在だった人は、母親がわりになって育ててくれた人から始める。そして年代順に生まれてから小学校に入るまで、小学校時代、中学校時代、20代、30代、というふうに、その人との出会いから現在まで、あるいは別れるまでをさかのぼって調べていく。集中内観では、普通1週間、内観のできる研修所、病院などの施設に入り、1日約15時間この質問に取り組む。1時間か2時間に1度、面接者が内観者のところに来て、今までの時間、誰に対してどのようなことを調べ、思い出したのかを尋ねる。内観者の報告後、面接者は次は誰々に対するいつ頃の自分について調べるようにと課題を残して去っていく。集中内観中は、テレビ、ラジオ、電話などの外からの刺激は一切シャットアウトされるので、内観者にとっては面接者のみが唯一、内観を通じて交流できる相手である。内観療法には集中内観の他に、日常生活を行いつつ、毎日一定時間内観をする日常内観、そして内観的に自分の身体を見つめ、身体や臓器に感謝して生きる治療技法としての身体内観等がある（千石 2012）。

◆筆者の体験より

筆者が集中内観を最初に体験したのは、本願寺ハワイ開教区仏教研究所の所長を務めていた頃であった。アメリカの信徒の間では、浄土真宗寺院でも禅宗やチベット仏教のような瞑想を取り入れてほしい、僧侶に神父、牧師のようにカウンセリングをしてもらいたい、というニーズが高まっていた。しかしながら、浄土真宗寺院で他宗の瞑想をするのは憚られる。そこで、浄土真宗僧侶が開発し、心理療法としても効果が認められている内観を、僧侶、信徒の教育プログラムの一環として適用できないかと考え、内観研修を目的に帰国した。しかし、1週間、外界との接触を一切断ち、内観研修所に泊まり込むという設定に抵抗を感じ、3日程度の体験で済ませられるのではないかと考えた。アメリカ、バーモント州で内観を指導する ToDo Institute のグレッグ・クレチ氏に尋ねると、内観を初めて実践する場合は、1週間の内観が必要で、2、3日の内観はストレスを感じるだけで内観に対する悪いイメージしか残らない、という。そのアドバイスの意味するところをよく理解することなく、筆者は奈良県の研修所で1週間の内観に臨んだ。

内観のテーマにそって、実際に起こった出来事を、相手の立場に立って想起すると、それまで思いもかけなかった自分の本性や他人の愛情に気づくことになる。内観で得られる深い感情を伴った洞察の中心には、①他者から多くの愛情を受けてきた自分の発見 ②これまでそのことに気づかずに満足できなかった自己中心性の自覚 ③自分が他者へかけてきた迷惑や加害性に気づき、相手に対して深く懺悔の気持ちが起こった時、それまで持ち続けてきた我執を捨てようと決心するようになることと、その他、内観者の問題や症状に応じた発見がある（千石 2012）。

「家族や有縁の人々にこれほど多くのことをしてもらったのに、なんと自分がして返したことが少なかったことか。迷惑をかけ続けて生きてきたのに、許されて生きてきたのだ。」集中内観が終わると、研修者の多くはこう語り、それまでと打って変わって柔和で穏やかな表情になる。中には、大変な環境で育った人もいる。しかし、どんな状況であっても、親なりに精一杯なことをしてくれた、色々な人の助けがあったからこそ、ここまで生きることができたのだ、と受け止めると、人生を肯定的に再認識し、出直すことができる。内観は自己のイメージの中にある他者と和解し、愛と憎しみの自己史を置き換える作業だとも言える。人は愛されている、ということを心から実感できて初めて、安らかな幸福感に満たされる。そして、他者のために生きよう、他者のために何かをさせていただこう、という感謝と報恩の念が心の奥底から湧き起る（千石 2021）。

しかしながら、この境地に至るまでに、内観を生まれて初めて体験する者は、「壁」にぶちあたるのだ。筆者もまさに経験した「内観の3日目の壁」である。内観臨床家、医療者による著述では、内観の歴史、具体的な方法と共に事例、症例が紹介され、いかに内観が、1週間という期間で長年抱えてきた悩み、苦しみを解決したか、アルコール依存症やうつ症状等に効果があるかが分かる。しかし、それはあくまでも3日目の壁を越えた後の話である。2日目までは、内観で想起すべき、過去の出来事が思い出せないのだ。思い出せたとしても、霧がかかったような、ぼんやりとした記憶しか出てこない。事例、症例に描かれているような懺悔、感謝、歓喜の気持ちには程遠い。過去の出来事を思い出せない苛立ちから、内観や面接指導者に対する疑い、怒りさえも沸き起こる。「はめられた！　内観の本には良いことがたくさん書いてあるけど、そんなの嘘だ！」筆者は2日目の夜、心でそう叫んだ。しかし、そこで諦めないで内観を継続していると、3日目から、それまで忘れ去っていたような出来事までが詳細に浮かび上がる。その後は、内観による自己洞察が驚くほど深化し、ものの見方、生き方が変わる、認知の大転換が起こる。

内観の方法について、吉本は1963年頃、「内観（自己観察法）」というビラを作成し、「坐りかた」、「心組み」、「調べ方」、「内観中の生活の仕方」「過程」、「日常内観」についてそれぞれ説明している（三木 1998）。その中の「過程」に、内観初心者がもれなく経験する「3日目の壁」に匹敵する箇所がある。

〔過程〕 最初2日は、足が痛いとか、思い出が雑念と浮かぶとか、何だかわからず、ばかばかしい感想が続いてやめたくなるが、それを越えると次第に思索が統一され、5日目頃から自分というものがはっきり自覚され、感謝、歓喜、奉仕の気持ちで一杯となり、叫びだしたいような力がみなぎってまいります。不思議に素直にもなります。

なるほど、筆者も自らの経験を通し、従来の内観療法が1週間の研修、治療期間を必要であると理解し、アメリカ人臨床家の助言に納得がいった次第である。内観によってもたらされた気づき、それに伴う幸福感は、筆者がそれまで経験したことのないレベルであり、生涯内観に携わる覚悟をもたらすほど強烈なものであった。しかし、この3日目の壁を乗り越えられず、2日目で内観研修所を去る人も少なくはない。また、時間に追われる現代人にとっては、内観のために1週間仕事を休む、あるいは家族を置いて家庭を離れる、という時間の壁も立ちはだかる。内観を多くの方に実践してもらうには、やはり短期の研修で従来の内観と同様の効果をもたらす手法が必要であろう。

(2) 内観の短期化

ハワイでは、第二次世界大戦中、日本軍捕虜となったのがきっかけで禅と出会い、何度も日本で中《なか》川宋淵老師《がわそうえんろうし》や安谷白雲老師《やすたにはくうんろうし》の下で修行をしたロバート・エイトキン（Robert Baker Aitken）老師（1917-

2010）が設立したダイアモンドサンガや、平和・人権運動家でも知られるベトナム人僧侶、ティック・ナット・ハン（Tick Nhat Hagn 1962-2022）を支持するグループによるマインドフルネス瞑想会が定期的に開かれる。多忙な日常生活で心身のバランスを崩さないようにと、人種、信仰、職業がそれぞれ異なるメンバーが、座禅、瞑想でひと時を共有する。

筆者は、これらのグループに加わることにより、どんなに呼吸が私たちの心身を繋いでくれるのかを実感した。自らの心と書いて「息」。禅では、姿勢を整え、正しい呼吸をすると、心身ともに整う「調身、調息、調心」を教える。ストレスや不規則な生活によって自律神経が乱れると慢性的な疲労、片頭痛、動悸、便秘、下痢、耳鳴り等の身体症状や抑うつ、感情が不安的になる等、日々の生活に支障をきたすようになる。自律神経を調節したくても、影響を受けている内臓や、血圧、汗腺の働きを自分ではどうすることもできない。しかし、禅やマインドフルネス、ヨガや気功で行う丹田呼吸法を行うことによって、自分自身で自律神経をコントロールすることができる。丹田呼吸法によって、脳から緊張や不安を緩和し、精神を安定させ、幸福感をもたらすセロトニンや、リラックスホルモンであるアセチルコリン等、脳内ホルモンの分泌を促すことができるからだ。セロトニンの機能に着目したうつ病の治療薬としてＳＳＲＩ（選択的セロトニン再吸収阻害薬）が使用されているが、症状を取るだけの対症療法にすぎないし、ＳＳＲＩに限らず、抗うつ薬や抗不安薬の副作用のために悩まされているという訴えはメディアでも取り上げている。丹田呼吸法をすれば、自然とセロトニンを分泌できるわけであるから、ＳＳＲＩを摂取するよりも、丹田呼吸法を取り入れるべきである。しかし、例え丹田呼吸法を習慣化し、セロトニンやアセチルコリンなどが、ほどよく分泌され、自律神経が整ったとしても、それだけで長年抱えてきた悩みの解決や、依存症やうつ症状をもたらすものの見方や歪んだ認知が変わるわけではない。呼吸法によって、しばらくは心が落ち着くが、日常生活に戻ると、抱えている問題は、変わらず存在している。薬物の効果が持続しないのと同じで、長年培ってきた考え方や、ものの見方の歪みを変えていかない限りは、失敗を繰り返す行動や、人間関係の悩みの解決にまでは至らない。つまり、丹田呼吸法で心身を安定させるのは、落ち着いてものごとを洞察できるようになるための大前提で、それのみでは心理療法や自己反省法にはなり得ない（千石 2017）。

ハワイで欧米人に内観指導をする際、マインドフルネス実践者の協力を得て、週末、あるいは3日程度の集中内観研修を２０００年から２００５年の間、８回開催した。参加者は、人種、信仰、職業、年齢等様々で、立派に社会生活を送っているが、家庭内や職場での人間関係に悩む方、将来に不安がある方、特にさしあたって問題はないものの、自分の精神性を高めたいという方であった。1回の研修の定員は、筆者が内観面接、指導ができる限界の4〜5名であった。内観研修の始まりとしては、まずは全員でマインドフルネス呼吸法を15分程度実施する。そして、深い呼吸を意識しながら、各自の内観の助けになるように、記憶のはしばしをひっぱり出せるような導入を行う。幼少期に住んでいた家や、その周辺の風景、近所の人たちをゆっくりと思い出してもらい、母親との内観（虐待を受けるなど母親に抵抗がある人は父親、祖父母等、愛情を受けたと思う人が対象になる）を生まれてから小学校に入るくらいまでの期間を対象に行う。その後、各部屋（個室）に入ってもらい、面接者が来るまで内観を継続してもらう。夕方、再び全員が集まり、マインドフルネス呼吸法を行い、心身をリラックスさせる。翌朝は皆で歩く瞑想（マインドフル・ウォーキング）を行った後、各自、内観を継続していった。

この呼吸法を取り入れた内観により、これまで筆者が日米で関わった内観研修者は誰一人内観の壁を経験することなく、内観を深めることができた。すなわち、従来の内観の1週間という期間は必要なく、現在筆者は、3日程度の内観を主に提供している。

また、この丹田呼吸法を入れながらの内観は、面接者にも良い効果をもたらすことがわかった。面接時に聴かせていただく内容や、内観者から受ける負のエネルギーは、面接者に心理的負担を及ぼすこともある。しかしながら、呼吸法を取り入れながらの面接は、筆者のストレスを洗い流し、心を浄化して、次の面接に臨めるようにしてくれた。

ここで前述の、吉本の「内観（自己観察法）」に戻ってみる。

〔坐りかた〕　壁に向かって坐る。または部屋のすみを屏風で囲い、その中に坐る。病人は寝たままでもよい。坐り方は安座でも正座でもよい。目を閉じても開けてもよい。

内観原法では、壁に向かって坐る。または部屋のすみを屏風で囲い、その中に坐る、とあるが、これは視野を遮り、自己洞察に入りやすくするためである。内観が深まると、屏風の中の1畳の狭い空間が、母の胎内にいるかのような安心感に繋がる。さらに、他の研修者と部屋を共有する場合、プライバシーを守るための仕切りにもなるであろう。現在は、筆者の施設を含め、屏風を使用していない内観研修所もあるが、いずれにせよ、内観原法では、研修所に到着し、屏風の中に坐るや否や、内観が始まる。慣れない環境、内観の方法に対する疑問、自己と向き合う不安から、心身は緊張する。脳に緊張やストレスがかかると、覚えていたことを思い出す記憶の機能「想起」能力が抑えられるので（米山 2021）、研修者が内観の設定に慣れて、安心して内観に入るまで、少なくとも丸2日を要するのも不思議ではないであろう。

② 内観と心身一如

内観療法は仏教、浄土真宗の教えから派生したが、前述の過程により、筆者は内観を実践する上で仏教、東洋医学、ヨガ等で提唱されている、心身一如の概念を大切に思うようになった。私たちの心と身体はひとつで、分けることはできない。お互いに作用し合うので、心によって身体が変わり、身体を変えることによって心が変わる。そのため、筆者の内観研修所では特に内観の短期間の深化を図るために、心を変容させる内観療法と、身体を改善するための呼吸法、ヨガ、気功を同時期に交互に

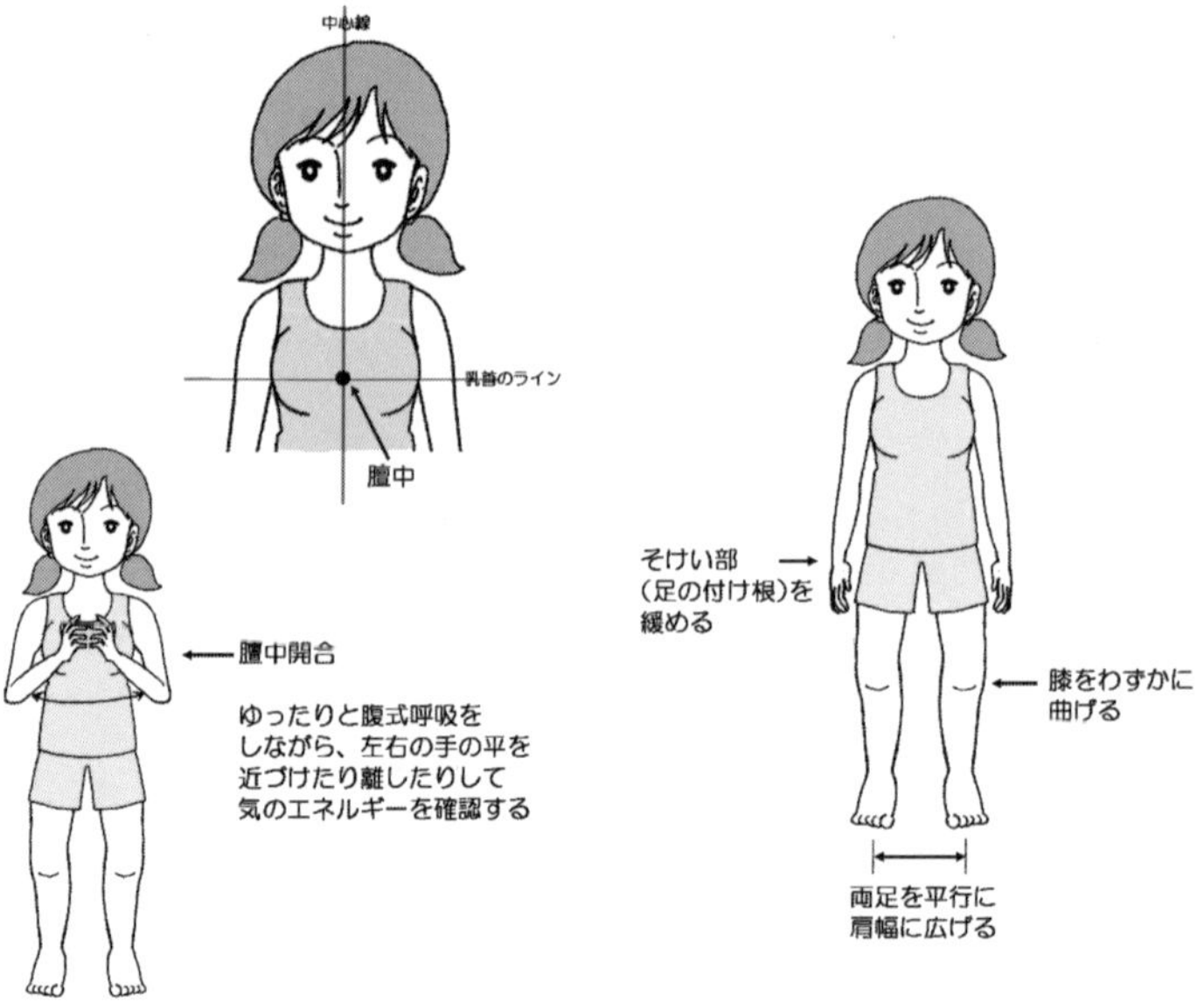
中心線
乳首のライン
膻中
膻中開合
ゆったりと腹式呼吸を
しながら、左右の手の平を
近づけたり離したりして
気のエネルギーを確認する
そけい部
（足の付け根）を
緩める
膝をわずかに
曲げる
両足を平行に
肩幅に広げる

立　禅

出所）千石真理『幸せになるための心身めざめ内観』佼成出版社，2017年。
　　イラスト　悟東あすか　以下同

行っている。紙面の都合で、ここですべてを紹介、説明することはできないが、仏教の教えを気功を使って具現するために考案した蓮華功と自らの身体に感謝し、心身のバランスを取るための身体内観に伝統的な合臓功を結合して指導している。ここではイラストを用いて紹介するので、詳細は拙著『幸せになるための心身めざめ内観』（佼成出版社、2017年）を参照していただければ幸いである。

「蓮華功」は、蓮が泥水の中から美しい花を咲かせるように、苦しみ、悲しみの中にあっても心を浄化し、心の中で蓮の花を育て、悟りの花を咲かせるイメージを磨くために考案した。五行学説による「合臓功」は、各臓器に感謝し、心身

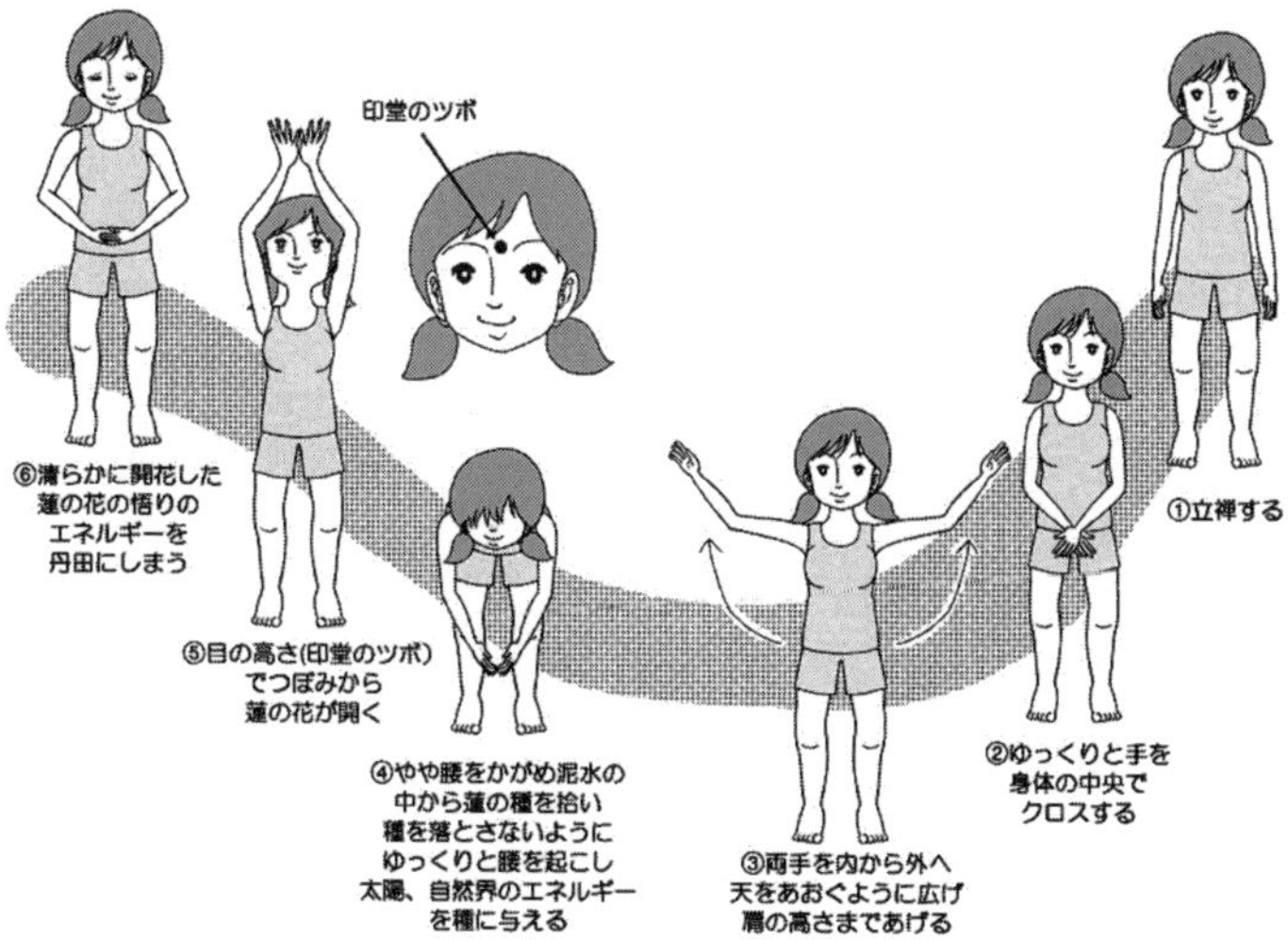
印堂のツボ
⑥清らかに開花した
蓮の花の悟りの
エネルギーを
丹田にしまう
⑤目の高さ(印堂のツボ)
でつぼみから
蓮の花が開く
④やや腰をかがめ泥水の
中から蓮の種を拾い
種を落とさないように
ゆっくりと腰を起こし
太陽、自然界のエネルギー
を種に与える
③両手を内から外へ
天をあおぐように広げ
肩の高さまであげる
②ゆっくりと手を
身体の中央で
クロスする
①立禅する

蓮華功

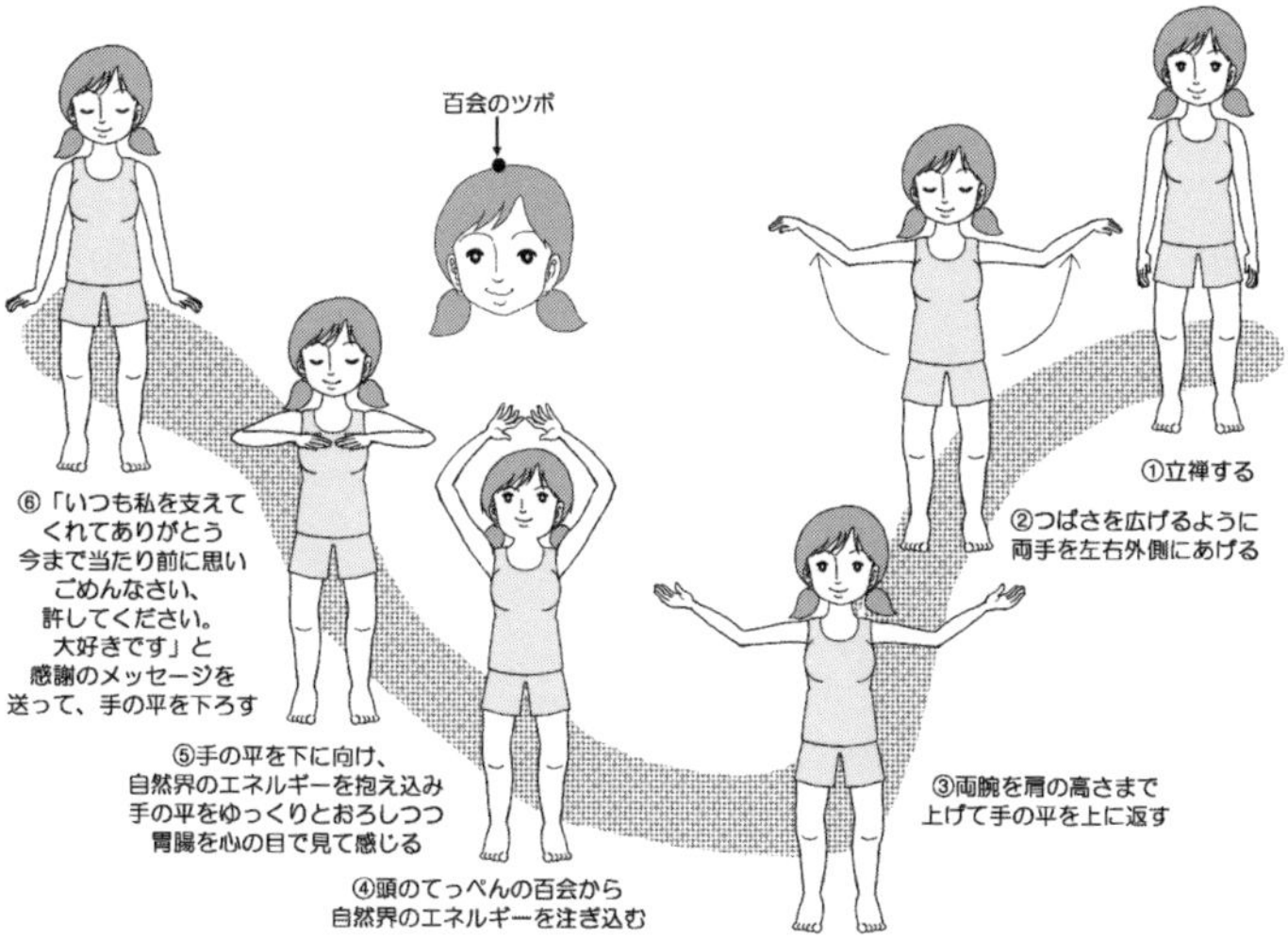
百会のツボ
⑥「いつも私を支えて
くれてありがとう
今まで当たり前に思い
ごめんなさい、
許してください。
大好きです」と
感謝のメッセージを
送って、手の平を下ろす
⑤手の平を下に向け、
自然界のエネルギーを抱え込み
手の平をゆっくりとおろしつつ
胃腸を心の目で見て感じる
④頭のてっぺんの百会から
自然界のエネルギーを注ぎ込む
③両腕を肩の高さまで
上げて手の平を上に返す
②つばさを広げるように
両手を左右外側にあげる
①立禅する

合臓功・胃腸

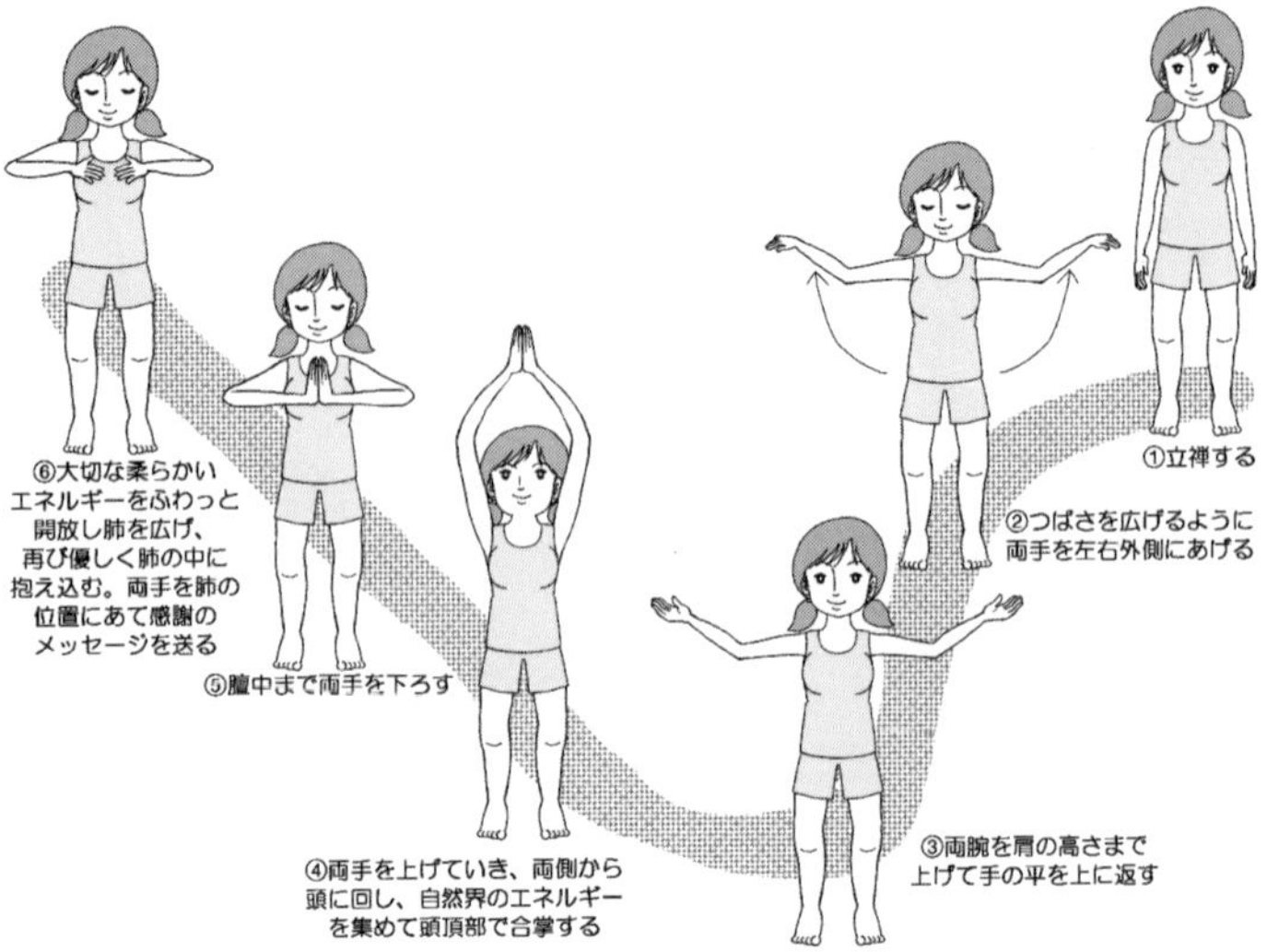
①立禅する
②つばさを広げるように
両手を左右外側にあげる
③両腕を肩の高さまで
上げて手の平を上に返す
④両手を上げていき、両側から
頭に回し、自然界のエネルギー
を集めて頭頂部で合掌する
⑤膻中まで両手を下ろす
⑥大切な柔らかい
エネルギーをふわっと
開放し肺を広げ、
再び優しく肺の中に
抱え込む。両手を肺の
位置にあて感謝の
メッセージを送る

合臓功・肺

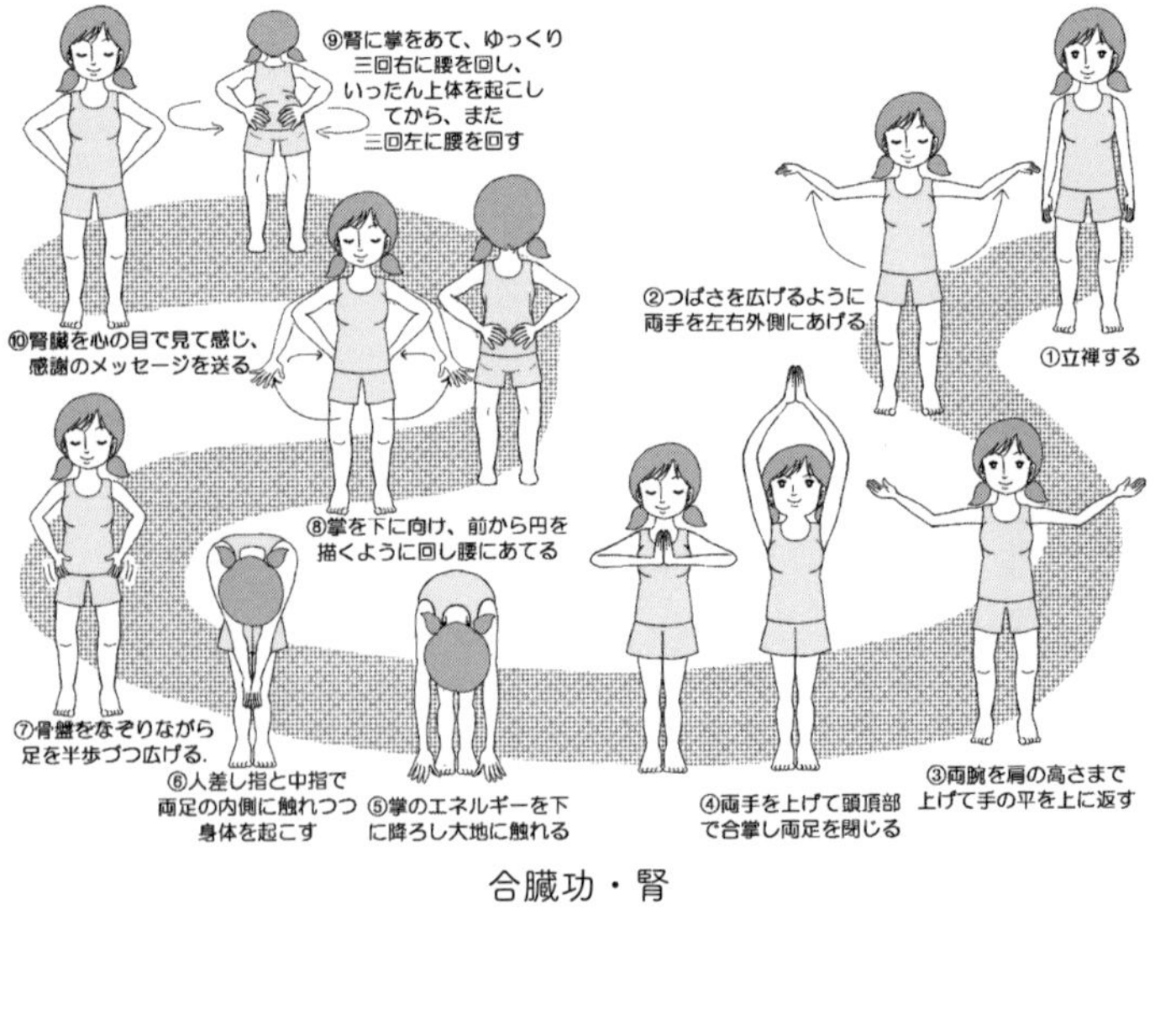
①立禅する
②つばさを広げるように
両手を左右外側にあげる
③両腕を肩の高さまで
上げて手の平を上に返す
④両手を上げて頭頂部
で合掌し両足を閉じる
⑤掌のエネルギーを下
に降ろし大地に触れる
⑥人差し指と中指で
両足の内側に触れつつ
身体を起こす
⑦骨盤をなぞりながら
足を半歩づつ広げる.
⑧掌を下に向け、前から円を
描くように回し腰にあてる
⑨腎に掌をあて、ゆっくり
三回右に腰を回し、
いったん上体を起こし
てから、また
三回左に腰を回す
⑩腎臓を心の目で見て感じ、
感謝のメッセージを送る

合臓功・腎

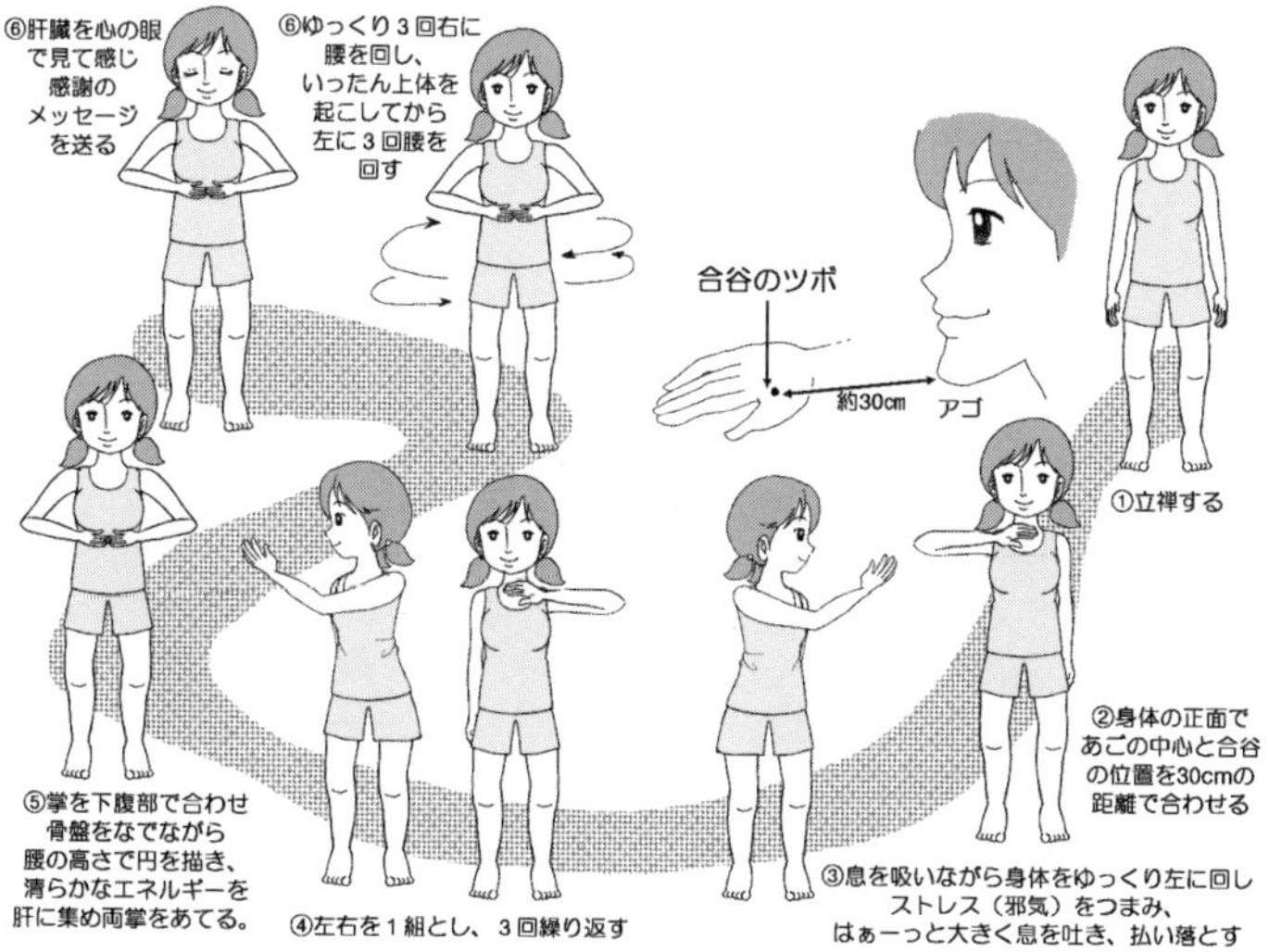
⑥肝臓を心の眼で見て感じ感謝のメッセージを送る
⑥ゆっくり3回右に腰を回し、いったん上体を起こしてから左に3回腰を回す
合谷のツボ
約30cm
アゴ
①立禅する
②身体の正面であごの中心と合谷の位置を30cmの距離で合わせる
③息を吸いながら身体をゆっくり左に回しストレス（邪気）をつまみ、はぁーっと大きく息を吐き、払い落とす
④左右を1組とし、3回繰り返す
⑤掌を下腹部で合わせ骨盤をなでながら腰の高さで円を描き、清らかなエネルギーを肝に集め両掌をあてる。

合臓功・肝

⑥エネルギーを丹田にしまう（収功）
①立禅する
②両手を左右に広げ自然のエネルギーを抱え込みながら……
③軽く左右の中指を触れあう
④膻中の高さで、左手が上右手をしたにし、掌を身体の方に向ける。右手の親指を左手の小指の下にあてそのまま掌を胸にあてる
⑤心臓を心の眼で見て感じ感謝のメッセージを送る

合臓功・心

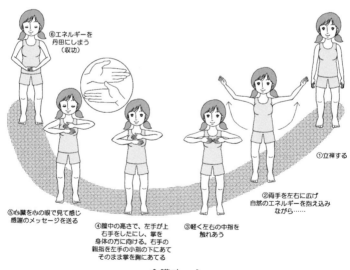

を整えるために行う。内観中は痛み止めを飲む必要がなかった、たばこを吸いたいと思わなかった、チョコレート依存がなくなった、呼吸法、気功によって自らの身体に感謝をするようになった等、研修者は報告してくれた。

また、私たちが受ける人間関係などのストレスは知性を司る脳の新皮質に影響し、さらに胃腸や心臓などの働きを司る間脳をも刺激するため食欲不振や睡眠障害、血行不良を引き起こす。内観によって反省、感謝の心が出てくると、新皮質で受けていたストレスが取り除かれ、間脳への圧迫も解消され胃腸や血管運動神経の働きも良くなる。間脳が体の中枢であり、新皮質が心の中枢であり、心と体の結び目が間脳にあるといっても良いので、内観が深まると、体も楽になるといわれるのは、当然のことであろう（竹本 1994）。

③ 内観に心身一如のコンセプトを導入して——心身めざめ内観事例——

筆者は内観の短期化のためにマインドフルネス、ヨガ、気功を導入した心身めざめ内観を考案し、2014年より日本とハワイで指導している。ここで、筆者の内観研修所で3泊4日の心身めざめ内観を研修した事例として次の3件を紹介する。

（1）洋子さん（仮名）：38才　女性　主婦

洋子さんは結婚14年目の主婦。中学校3年生の長女と、小学校5年生の長男の母親であるが、夫からのDVを受けていたのを子どもたちにも、実家の両親、兄にも悟られないよう、明るく振舞ってきた。しかし、ある日を境に、記憶が抜け落ちている間に半狂乱で暴れる、自殺未遂を起こすという解離症状が表れるようになった。内観研修時は、離婚調停中であり、精神科で拘束され、薬物療法を受けさせせられるのは怖い、という思いで3泊4日の心身めざめ内観に臨んだ。以下、洋子さんの研修後のエッセイである。

「心身めざめ内観初日は、母に研修所まで送ってもらったのですが、母の帰宅後、約1時間ほどストレッチ、呼吸法、瞑想法の指導を経て内観に導入され、個室に入りました。部屋に入って1人になると、テレビもない、ラジオもない、携帯電話もない、人の気配もない孤独と不安感にさいなまれ、内観どころじゃなく、他の事を色々考えたりしていましたが、最初に先生に呼吸法を教えていただいていたので、わらにもすがる思いでお腹の丹田に手を当て、呼吸法を繰り返していました。そうしている内に気持ちも落ち着いていき、内観の課題の「お世話になったこと」「して返したこと」「迷惑かけたこと」と、1つずつ内観できるようになっていきました。最初、母との内観から始めたのですが、生まれてから、現在まで内観をしていくうちに、私は夫という、1人の人間への恨み、憎しみに捕われ、そのために家族に迷惑をかけ、悩ませ、子どもたちに悲しい思いや、寂しい思いをさせていることに気付かされました。そして、このことに関して、自分を恥ずかしく思い、実家の家族と子どもたちに申し訳ない、という気持ちが溢れ出ました。それまでは、夫のことが怖くてしかたなかったのですが、内観で振り返ってみると、私は常に家族の大きな愛に守られて生きてきたのです。一体、私は何を恐れていたのか、と思いました。それに比べ、夫は冷たい家庭で育った、可愛そうな心の狭い人間なのに、と思ったら、気持ちが不思議と楽になりました。それからは子どもたち、兄、祖父母と内観していきました。途中、子どもたちを内観している間、これまで辛抱させ続けていたんだ、申し訳なかった、と思うと、無性に子どもたちに会いたくなり、泣いて先生に訴えたりしましたが、これから子どもたちにどうやって接していこうかと内観しているうちに気持ちも晴れ、3泊4日の内観を終えました。

人間、誰しも、生きているうちに自分可愛さに人に罪を押し付け、自分を正当化しようとする時が無いとは言えません。時にはこの様に自分自身を見つめなおし、自分の人生にたずさわって下さっている方々に感謝して、私は1人で生きてきたわけじゃない、育ててくださった方がいるから今の自分があるのだと感謝をしながら、前に進んでいく必要があるのだと思いました。

今、実家に戻り、両親、兄、子どもたちと元の生活を送っていますが、母の愛情からご縁をいただいた、心身めざめ内観で学んだことを決して無駄にしたくはないので、日々少しずつでも内観を続けていこうと思っています。」

(2) 智教さん(仮名):33才 男性 僧侶

智教さんは在家の出身であったが、寺院の1人娘と恋愛。得度して僧侶、住職となった。今後は、僧侶として悩み苦しみを抱える人たちの心の支えとなりたいという強い思いがある。しかしながら、数年前に薬物の乱用によって命を落とした弟、そしてその1年後にガンで亡くなった父親の死を、どうしても受け入れることができない。位牌に手を合わせることすらできない、という強いジレンマを抱えていた。自分自身の問題から目を逸らしている人間が、はたして他人の悩みを聴かせていただく資格があるのか。まず自分の問題を解決しないと、まっさらな気持ちで他人の話を傾聴できないのではないだろうか。そう覚悟を決め、3泊4日の心身めざめ内観を研修した。「内観は、亡くなった人とも繋がれる世界です。今まで言えなかった、「ごめんなさい」や「ありがとう」を、どうかお父様、弟さんに伝えて下さい。」筆者のアドバイスを受け、智教さんは内観に臨んだ。幼少の頃から弟との関係を振り返ると、一緒に遊んだこと、楽しかったことなどが次々と思い出された。そして、亡き弟に対し、不良行為を行う弟をもって恥ずかしい、迷惑だと思ったこと、本当に親身になって助けてあげようとしなかったことを、初めて心の底から悔やみ、詫びることができた。また、一代で財を成した父親は、強く憧れの男性像であったため、入院、闘病中におしめを着用させられ、看護師に子どものように扱われていたことに我慢がならなかった。看護師を恨んでさえいた。しかし、内観をしてみると、看護師は決して父親を馬鹿にしていたのではない、あんなに優しく接してくれていたのに、それに自分は気づかなかったのだ。老病死の姿を見せてくれた父には、感謝しかない、と話してくれた。そして、自分は毎晩、就寝前に短いお経をあげるようにしている。いつもは5分ほどで読むお経の1行1行の有難さが全身に染み入り、涙で読めず、昨夜は30分かかりました、と報告し、最後に、「これまでは父と弟が死んだことを、どうしても受け入れることができなかった。今は、父と弟が自分の両側にいて見守っていてくれる。一緒に人生を歩んでくれているような気がします。」と話してくれた。

（3）アイナさん（仮名）：女性　76才　心理学者

アイナさんはスウェーデンから、心身めざめ内観を研修するために来日した。幼い時に母親が自分と父親を捨てて出奔。実の父親に性的虐待を受けながら成長した。自分の怒りや憎しみ、悲しみを乗り越えるために心理学者になり、特にＤＶ被害者や、カンボジアのポル・ポト派によって虐殺された遺族のトラウマなどを研究対象とした。アイナさんは、自身も様々なセラピーを受け、気持ちは以前より穏やかにはなったが、どうしても両親に対する怒りは消えない。内観なら自分を救ってくれるのではないか、という思いで研修に臨んだ。内観で、父親は精神を病んでいたが、自分に良い教育を受けさせるために、最大限の努力をしてくれたこと、母親の代わりに同級生の母親たちが色々と面倒をみてくれていたことを思い出した。研修終了後、彼女は、母親に対して、ついぞ愛という感情を持つことはなかったが、彼女が17才の時に自死した母親の生涯を恨むことなく、受け止めることができるようになった。筆者は、彼女がようやく、自分の人生における最大の課題を克服したことに心より安堵した。

アイナさんは人間不信から結婚、離婚を繰り返し、たくさんの子ども、孫がいるが、これまでの関係は決して良好とはいえなかった。内観の3つ目のテーマ「迷惑をかけたこと」では、「子どもや孫に愛している、と言えなかった」「自分の精神が不安定だったので、子どもたちを振り回していた」とふりかえった。これは彼女の心が常に、母親が出奔した4才児当時のままの幼児性を強く抱えていたこと、母親、祖母として見習うべきモデルが存在しなかったことによるであろう。親子関係は、その人の生涯を通じて影響を及ぼすという表れである。実際、筆者は内観研修中のアイナさんの幼児性、子どものような自己主張に辟易もしたが、本件のような場合ではそこに寄り添うのも、内観面接者の大きな役割であり、内観が深化していく上で大変重要な意味を持つ。次項では、内観の研修期間に関わらず、決して変化させてはならない枠組み、特徴について論じたい。

④ 変わらざる内観の枠組み——保護された空間と母性——

内観で自己を見つめるためには、仕事や勉強、家事、日ごろの人間関係から離れ、ただ、ひたすら自己探求に臨むことができる環境を整えることが必要である。自己観照に没頭するために、非日常的空間の中に身を置き、内観面接者以外の人間と接触することもできない。主婦の方などには、「内観中は家事をしなくても良い。本当に楽をさせていただける。」と言っていただけるのだが、朝は6時には起床し、決められた時間に1人で静かに食事し、入浴の時間にも制限があり、内観面接ではきちんと答えなければならない。電話やメールもできない、テレビや音楽などの娯楽時間はない、などの厳格な枠組みが内観研修にはある。しかし、研修者の健康を考え、心を込めて提供する食事や、面接者の厳しくもすべてを受け入れる温かい態度に、内観者は母性的に保護されているという安心感を持つ。

この父親的な厳格な枠組みと、内観者を思いやる母性が内観には欠かすことができない要因である。事例3のアイナさんは、内観研修当時76才であったが、親に甘えたという記憶はない。研修中は、面接者の筆者に自己中心性を発揮したが、それを温かく見守り、可能な限り寄り添えたことが、彼女の内観の深化に繋がったと確信している。

ここで、1997年、神戸市の小学生連続殺傷事件で、関東医療少年院に収容されていた少年A（逮捕当時14才）の事件について言及したい。「酒鬼薔薇聖斗」といえば、記憶に蘇る人がいるかもしれない。Aには幼児期の親子関係によるトラウマ（心的外傷）が指摘されている。Aは「親からしかれ、たたかれるのが怖くて仕方なかった」と供述し、両親も「スパルタ式に厳しく育てた」と話している。Aが母親からのしつけを虐待ととらえ、女性への嫌悪感や、他人への心の壁が生じ、事件の心理的背景の一部となったとみられている。少年院での更生は、特にAの家庭での生育過程が問題視され、女性医官らによって「赤ん坊を包み込むように育て直す」ような、5年程度の特別な長期処遇計画が練られた。また、贖罪教育として、精神科医師による内観療法も施行され、その他、被害者遺族の本を読むなどして、Aは激しい悔悟の念、罪の意識を抱いたという（北村 2020）。

九州大学で日本最初の心療内科開設に携わった池見酉次郎は、「内観法と精神分析」の中で「母は生命の根源」と題し、アジャセ・コンプレックスを唱えた古澤平作（1897-1968）の説を引用し、治療者と、患者の関係を次のように述べている。〝母親は患者の本源であり、かつては患者と一体だったものである。そして人間の不安の根底にあるものは、この一体感を失うことにあるとされている。そこで治療者との温かい人間関係を通して、このような母親的なものと一体感を体験させ、生命の本源とのつながりを実感できずに、不安におののく患者を再び大自然の生命の中に生き返らせてやらねばならない。それまでの人生で患者の心を不安にし、取り乱させていた分離（自分が愛してもらいたい大事な人から、引き離されたり、疎んじられたりすること）をめぐる葛藤は、このような治療者との、新しい感情体験によって解消し、生命の本源と1つに溶け合った、健康な精神発達を始める（池見 1975）。

内観面接、指導するにあたって、筆者は親子のコミュニケーションの難しさを学ばせていただいている。親は子に対し、幸せになってほしい、よかれと思うことが子供には負担になり、抑うつや、心身症の発症に繋がることがある。また、欧米人と比べ概して日本人は愛情表現が苦手である。それゆえ、子どもとしては親から認められている、愛されている、という実感に乏しいのだ。しかし内観によって省みると、「学校で問題を起こした時、父親が先生に頭を下げに来てくれた。」「母親の、あの一言を恨んでいたが、当時の親の立場にたつと、理解できる。」など、親は親として自分のためにやるべきことをしてくれていたのだ、愛情を注いでいてくれたのだ、と気づき、親に対する見方が変わっていく。

内観は、浄土真宗の教義より派生しているが、浄土真宗開祖親鸞は、子どもが母を思い、慕う気持ち、それが阿弥陀仏への信心だと、我々衆生と阿弥陀仏の関係を親子に例える。「子の母をおもふがごとくにて　衆生仏を憶すれば　現前当来とほからず　如来を拝見うたがはず（浄土真宗聖典註釈版（浄土和讃美）2004）」。この母の愛情、見守りをいただいていると気づいた子どもは、その無償の愛情に対し、深い懺悔と感謝の心を持つ。そして、これからは親を泣かせるような生き方は絶対しない、と生き方の転換、決意をするのだ。

悩み苦しむ内観者を自己洞察の旅へといざなうために、面接者は研修者滞在中の生活を丸ごと面倒みる配慮と、その人の告白が何であれ受け入れ、包み込む母性を求められる。それが内観の深化を助け、研修者の人生再生への扉を開く鍵となるのである。

5 内観の本当の目的

「あなたは今死んでも後悔ないですか。いつ死んでも後悔のないように。」吉本は、内観研修者に絶えず、こう問いかけていた。内観の前身は浄土真宗一派が行っていた身調べという身命を省みず徹底的に自己を調べ上げる苦行であり、その修行中、吉本は言葉では表せない、それまでの自己存在を揺るがす転迷開悟の体験をした。「この自分は例えどういう存在であっても、多くのいのち、他者によって支えられ、生かされている。この事実を多くの人に伝えたい。」という一心で、誰もが行える自己探求法、自己反省法として内観法を生み出した。矯正界、医療界等で内観が導入されるにあたり、その普及のために内観は仏教ではないと言いつつも、「念々称名常懺悔」と、日常的に内観をするのは念仏を称えるのと同じことである、と述べている（吉本 1979）。

「内観の目的は、どんな困難も報恩感謝の気持ちへと大転換すること。」と吉本は言っているが、僧侶であり、身調べで神秘体験をした吉本にとって、後生の一大事、すなわち死後、どこに行くのか、というのは何よりも重大なテーマであった（吉本 1985）。いつ、なんどき娑婆の縁がつきても、後悔ない感謝の心で人生を閉じ、往生するためには今、何をすべきか、どういう気持ちで日常生活を送るべきかを、内観という方便を使って、人々に伝えたかったのではないか。

被災地では、「こうなるとわかっていれば……。」、「失ってみて、あたりまえだと思っていたことが奇跡だとわかった。」という声を聴く。火宅無常の世界にあって、後悔なく人生を全うし、安心して旅立つために、内観は吉本伊信という菩薩が浄土よりもたらした、苦悩解決方法であると、筆者は信じている。

おわりに

内観を今後、多くの方に研修してもらうためには、内観指導者も様々な工夫をしていかねばならない。現在も、1週間の内観原法を短期化するための筆者の心身めざめ内観や、遠隔でも行えるEメール内観、インターネットを活用した内観の開発が試行されている。その際、最も大切なことは、内観原法と同様の認知の転換、自己改革、新生体験が研修者に起こらねば、意味がないということである。吉本が身調べの苦行の要素を取り除き、誰もが施行できる自己探求法になるようにと内観法を仕上げた。吉本の足跡を偲ぶ内観指導者は、その国の国民性や現代人のニーズに合わせながら、いかに内観療法の精神、エッセンスを損なうことなく内観者に提供できるのかが、問われるところである。

参考文献

池見酉次郎（1975）：内観療法と精神分析　内観法　大和内観研究所。

大山真弘（2016）：Eメール内観の試み　内観研究　22（1）105-112。

大山真弘（2018）：書評『幸せになるための心身めざめ内観』千石真理著（佼成出版社、2017年）内観研究　24（1）73-74。

夏　寒松（2020）：中国での内観の現状とエビデンス探求の仮説　内観研究　26（1）23-26。

川原隆造（1998）：内観法の誕生と普及発展B　内観療法の臨床　理論とその応用　8-16、新興医学出版社。

北村敏泰（2020）：揺らぐいのち――生老病死の現場に寄り添う聖たち――　晃洋書房。

クラーク・チルソン・橋本俊之（2020）：内観で遊ぶ――内観を楽しくするために――　千石真理訳　内観研究　26（1）13-22。

浄土真宗教学伝道研究センター（2004）：浄土真宗聖典註釈版（正像末和讃）本願寺出版社。

千石真理（2012）：内観療法　仏教心理学キーワード事典　井上ウィマラ・葛西賢太・加藤博己編　246-247。春秋社。

千石真理（2017）：幸せになるための心身めざめ内観　佼成出版社。

千石真理（2021）：内観療法の現在と展望――仏教の智慧で現在、未来を生き抜く――　人間性心理学研究　38（2）159-166。

竹本隆洋（1994）：内観と医学　内観研修所。

三木善彦（1998）：内観療法　日本の心理療法　三木善彦・黒木賢一共編　61-62。朱鷺書房。

吉本伊信（1979）：内観で浄土を　宗教の世界　宗教の世界社。

吉本伊信（1985）：信前信後――私の内観体験――　内観研修所。

米山公啓（2021）：脳を強くする56の習慣　中経出版。

李　暁茹　他（2020）：中国人大学生を対象とする内観の実践および効果評価――インターネットを活用した試み――　内観研究　26（1）61-76。

第2章

仏教カウンセリングの実践
――いのちのはたらきを聞くということ――

仁愛大学准教授
坂井祐円

① 仏教カウンセリングという言葉

悩みがあったら、お坊さんに相談してみたい。そういう人は、案外いるものである。日本の仏教もまだまだ捨てたものではないようだ。とはいえ、その人たちは、お坊さんにいったい何を期待しているのだろう。お坊さんは、仏教を体現している。だから、悩みを相談すれば、仏教のありがたい教えでも説いてくれて、解決の糸口を示してくれるにちがいない。お坊さんへの期待というのは、大体こんな感じであろうか。

ただ、そうは言っても、実際にお坊さんから「仏教ではこのように教えているのだから、あなたもそのようにしたらいいんですよ。」とお説教されたら、素直に「はい、そうします。」とはならないのではないか。寄り添いや共感もなく、ただ一方的に語られるだけならば、仏教の話もすっとは入ってこない。それにたとえ仏教の話を少々聞きかじったからといって、そこですぐさま悩みが解決してしまうというのも、なんだか妙な話である。

〝仏教カウンセリング〟という言葉を聞くと、さしあたり僧侶による人生相談のようなものを思い浮かべる。ひとまずそれは間違いではないのだが、かといって僧侶に悩みを相談すれば、すべて仏教カウンセリングになり得るのかというと、そうでもないのである。僧侶が仏教の教えを説くことで悩みに答える。これは一見するとそれらしいけれども、実はカウンセリングになり得ていない場合が多い。もっと言うと、仏教カウンセリングというのは、仏教の教えをわざわざ説かなくても、それから、たとえ僧侶が行わなかったとしても、十分に成り立つのである。

というのも、仏教カウンセリングが成立する最大の条件は、カウンセラー側の「聞く」という姿勢にあるからだ。いやいや、何を当たり前のことを言っているのか。カウンセラーが話を聞くのは当然だろう。それは条件というより、暗黙の了解ではないのか。ところが、そうでもないのである。

教えを説いたり、教えのとおりに実行したらよいと勧めたりするのは、いかにも仏教という感じがする。しかしながら、そうした行為以前に、悩みや葛藤や苦しみ、悲しみ、傷つき、痛みなどの奥底から立ち現れてくる、「いのちの呼び声」をしっかりと「聞く」ことができていないのであれば、それはただ仏教の真似事をしているにすぎない。なぜなら、仏教というのは、まさしく「いのちの呼び声」に「気づく」ことだからである。ということは、「いのちの呼び声」が聞こえているときには、その人が誰であろうと、そこには仏教カウンセリングが開かれていることになる（ただし、そのときには、すでに仏教という言葉は大して意味をなさなくなっているのではあるが）。

そうすると、今度は悩みを相談しているほうにも、「聞く」ことが伝わってくる。感化されると言ったほうがわかりやすいかもしれない。つまり、クライエントの側にも、いつのまにか「いのちの呼び声」が聞こえてきて、それにより自ずと「気づき」がおとずれ、問題を乗り越えていくのである。

いのちの呼び声とは、〝いのちのはたらき〟とも言い換えることができる。〈いのちのはたらきを聞く〉――そうしたあり方を、とりあえず「仏教カウンセリング」という言葉で呼んでみるとすると、それは、実際にはどのようなカウンセリングなのだろうか。

そこで、本章では1つの事例を取り上げ、これを物語風に描くことで、仏教カウンセリングの実際について見ていくことにしたいと思う。

② 仏教カウンセリングの実際

（1）駆け込み寺

クライエントは、駆け込み寺のような感覚で、お寺に相談にやってきた30代の女性である。といっても、普段の私は、お寺という場を拠点に相談活動をしているわけではないので、〝クライエント〟

という言い方は適切ではないかもしれない。ただし、その女性のことはまったく見ず知らずというわけでもなかった。私が以前スクールカウンセラーをしていたときに、子育てのことで悩んでカウンセリングに来ていた母親であった。

それはちょうど夕日が沈みかけた時間帯だった。私は御庫裡《おくり》の2階の書斎にいたのであるが、「さっきから境内に不審な車が停まっている、怖いから見てきてほしい。」と妻が言うので、見に行くことになった。車に近づいて中を覗きこんでみると、運転席にうずくまっている女性が見えた。

おそるおそる声をかけてみると、ゆっくりと顔を上げた彼女と目が合った。思いつめたその表情からは、ただならぬオーラがひしひしと伝わってきた。見覚えのある顔で、誰なのかがわかってほっとしたのも束の間、突然のことだけにさすがに驚きや戸惑いは隠せなかった。

ただ、彼女は私が出てきたことで少しだけ安心したのか、「よかった、やっぱりこのお寺で合ってたんですね。どうもご無沙汰してます、ナオコです……わかりますか？」とかぼそい声で挨拶した。それから、「あの……できたらでいいんですけど……お寺でお参りとかさせてもらえないかと思って……。もし……ご迷惑でなければ……どうか……お願いします……。」と、口ごもりながら言った。

顔見知りでもあるし、緊迫した空気を全身から漂わせているだけに断るわけにもいかない。ひとまず本堂に上がってもらうことにした。ナオコさんは、やせ型で背は低く、服装はカジュアルで地味め。髪を整えている風はなく、化粧もしていない様子だった。後ろ姿が子どものようにも見えた。

彼女は、本尊の前に座ると、しばらくの間、目をつむってじっと手を合わせていた。すがるように祈りを捧げているという感じだった。

一息ついたので、お茶でもどうかと本堂の横の応接間に誘ってみた。はじめは遠慮がちであったものの、席についた途端、こちらが何か言おうとするのもさえぎって、ナオコさんのほうから語り出した。

「あの……もう……死んでお詫びをしようかと思ったんです。今日はずうっと死に場所を探していて、山道とか、車であちこちぐるぐると回っていたんです。でも、そのうち自分が何をしてるのかわからなくなってしまって。そしたら、急に頭の中に先生のことが浮かんだんです。そういえば、お坊さんだって言ってたなあって。それで、スマホで検索してみたら、お寺の名前が出てきたんで、ああ、ここだなと思って。気がついたらこのお寺に来ていました。すみません、いきなり押しかけてしまって……。本当に、本当にごめんなさい。」

一生懸命に頭を下げている姿に、いったい誰に向けてそんなに謝っているのだろうかと感じながらも、「いえいえ大丈夫、かまわないですけど、なんだか駆け込み寺みたいですね。」と言うと、「えっ？何ですか、カケコミデラって。」と真顔で返された。

「それより、死に場所を探していたっておっしゃっていましたが、いったい何があったんですか？」

この女性は、学校でカウンセリングを受けていたときにも、子育てに行き詰って、挙句の果てに一緒に死ぬつもりで子どもを連れ回したことがある、と語っていた。そのことを思い出した。

「昨年、私の父が亡くなりました。もうじき命日なんです。本当に不遇な死に方で、私は何もしてあげられなかった。父の葬儀のあとから、もうずっと胸のつかえがとれなくて、私が悪い、私のせいなんだって……、だから、自分も死んでお父さんのところに行って謝ろうって、そう思ったんです……。」

気持ちが高ぶるのを抑えられない様子で、彼女の目からは今にも涙があふれてきそうだった。

(2) 孤独死と夢

ナオコさんの父は、若い頃はとてもエネルギッシュな仕事人間だった。だからといって、家庭を全く省みないわけでもなかった。家の中では、厳しい一面もあったが、それなりに筋が一本通っていて、頼りになる存在だった。

順風満帆な人生のはずだった父は、一人娘が中学生になった頃から、歯車が狂い始めていく。事業が失敗し、その責任を負うはめになったのである。借金の返済に追われる生活であったにもかかわらず、父は平日でも自宅にいることが多くなった。とくに何かするわけでもなく、昼間から酒に入り浸っては大きな声でわめき散らすといった調子で、まるで人が変わってしまった。

母と口論になるのはそれ以前からあったが、物を投げたり、壁を蹴ったりするようになり、やがて直接に手を出すようにもなっていった。ひどいときには、包丁をもち出してきては、母を引きずり回して、殺してやると威嚇することもあった。こうした記憶は、ナオコさんの中で、大人になってからもフラッシュバックすることがあったという。

母はナオコさんを連れて逃げるようにＤＶ被害の保護施設に駆け込み、学校も転校することになった。父と母はいつのまにか離婚することになり、彼女は母の実家に身を寄せることになる。これでもう父とは会うことはないだろうと思っていた。ところが、その後も父は復縁を何度も迫ってきて、突然家に押しかけてきては母やナオコさんを困惑させていた。

「きっと幸せだった頃の自分の過去を取り戻そうと、必死だったんだろうと思います。母も私も、そういう父を拒絶するほどではなかった。暴力さえ振るわなければ、また一緒に暮らしてもいいのかなあって気持ちもあって、揺らいでいました。でも、借金はまだかなり残っていたし、アルコール中毒にもなっていたので、復縁すれば私たちの負担は目に見えていました。だから、父とはやんわりと関係を続けるような形でした。

そのうち私も結婚して、子どもも生まれたので、しばらくは父のことから気持ちも離れていました。だけど、昨年の冬、母から連絡があって、父が亡くなったって聞いて……。孤独死だったんです。暖房もなくて、寒い部屋の中で、薄い布団にくるまりながら、冷たくなっていたそうです。」

親戚からも疎まれ、身寄りがなかった父。そのため、離別したとはいえかつての家族だった２人が喪主になって、小さな葬式をあげることになった。

「その当日、私の心に異変が起こったんです。母が「これでよかったんだよね」と話していたのをぼんやり覚えているんですが、私は葬式のあいだ中、そこに自分がいるのかすらわからないような変な感覚に襲われていました。なんといったらよいか、そこで何かが起きているんだけど、それが現実なんだっていう感じが全然しなくて……。それで……それからなんですけど……夢の中に、頻繁に父が出てくるようになったんです。」

葬式の直後くらいから何度か見た夢は、それこそ枕元に父が現れるというものだった。父は佇んで何も語らずに自分のほうをじっと見つめているが、そのまなざしは本当に寂しそうで、何かを訴えかけているといった感じだった。その後も父は夢に現れ続け、夢自体がストーリーを帯びていく。

内容は、だいたい似たような展開だった。道を歩いていると、若いときの父がナオコさんに話しかけてくる。とても穏やかで温かい感じ。彼女も笑いながら何やら楽しいことをしゃべっている。ところが、急に辺りは真っ白になり、一面が吹雪のような光景に変わってしまう。そこに老け顔になり痩せほそった父が、体を縮こめて凍えながら、ナオコさんのほうに悲しげな視線を向けてくる。そして、震えた声で、「どうか見捨てないでくれ！　独りにしないでくれ！」と懇願しながら、どんどんと雪に埋もれていってしまう。

「夢に父が現れるときには、現実の世界とほとんど変わらないんです。別のもう1つの世界に入り込んだ感覚になるっていうか……。父は死んだ後の世界でいまも独りで凍えて苦しんでいるんだと思うと、私の中に、何か言い知れぬ罪悪感のようなものが湧き起こってきてしまって。父に対して、あまりにも酷いことをしたなあって……ずっと独りにしたままで、ごめんね、本当にごめんなさいって……。」そう言うと、いよいよナオコさんは泣き崩れてしまった。

(3) 心の葬儀

彼女が涙を拭くのを待ってから、一呼吸おいて尋ねてみた。

「それで……、死に場所を求めて、さまよっていたというわけですか……。」

「その通りです。私も父のところへ行こう、死んで謝ろうって……そんな風にずっと考えていたら、もう死ぬしかないかなって……。」

「そう……ですか……だけど、思いとどまることができた……。」

「ええ、そう、そうです……。そうなんですよね、それで、先生のところにふらふらと来てしまって……。」

「ここに来たら、何かが変わるって思ったんですね。」

「ええ、まあ……。なんというか、先生はお坊さんなので、もしかしたら父のことを助けてもらえるんじゃないかと……。」

すでに亡くなった人を助けるなど、常識的には無理な話だ。ただ、日本のお寺というのは、先祖の追善供養を担ってきた長い歴史があるし、不遇な亡くなり方をした死者の救済にも関わってきた。これは日本人が潜在的にもつお坊さんのイメージというものだろう。とはいえ、こうした言葉を聞いたとき、この女性はそれこそ〝いのちのはたらき〟に導かれて、このお寺にきたのだなあ、と私にはしみじみ感じられた。そして、だからこそ、いま問われているのは、ナオコさんと彼女の亡くなった父親からの訴えに、私自身がどう応えるかなのだ。取り繕ってみたところで、メッキはすぐに剝がれることだろう。私はひとまず心に浮かんだままの言葉に、ゆだねてみることにした。

「う～ん、なるほど、そうか……、このお寺に導かれたのは、もしかすると「お父さんのために、あなたにもまだできることがあるはずですよ。」というメッセージなのかもしれませんね。そうだとすると、ナオコさんがお父さんの後を追って死ぬなんてことは、おかど違いじゃないのかなって思います。そんなことをしたら、よっぽどお父さんを悲しませることになるんじゃないですか。」

「えっ?!……えっと、そう、そうですよね、……確かに、本当にそう。なんで私、そんな風に考えてしまったんだろう。おっしゃるとおり、私が死んだからって、父が助かるわけでもないですもんね……（沈黙）。

う～ん、いや、でも……それはわかりますけど、やっぱり納得いきません。父を死ぬまで独りぼっちにさせていたのに……私には何かできたはずなのに、結局、何もしてあげられなかったんですよ。

そういう罪悪感みたいなものが、私の中ではどうしても拭い切れないんだと思います……。」

「いや、しかし、そういう思いが強いのであればこそ、だからこそ、お父さんにしてあげられることが、ちゃんとあるんじゃないかなって思うんです。」

私がこう言うと、ナオコさんは黙ってしばらく考え込んでしまった。

やがて……ゆっくりと言葉をかみしめるように口を開いた。

「先生……うちの父が本当に望んでいることって、何だと思いますか？」

核心をつく問いだった。この問いを通して、彼女自身が、自分の望んでいること、求めていることに、曲がりなりにも辿りつくことができたのだとわかった。なので、この問いは、私が答えることではないと思われた。

「それは……もう、ナオコさんの中で答えが出ているんじゃないですか……。」

あっ、という顔をして彼女は静かにうなずいた。それから「あの、できれば、もう一度、父のために、それからきっと私のためにも、きちんと葬儀をしなければならないんだと思います。……来週には、父の命日がきます。今度は、このお寺で、先生から父の葬儀をあげていただくことはできないでしょうか。」と、ナオコさんは私の目を見ながらはっきりと言った。

どこか阿吽《あうん》の呼吸のようなやりとりだった。私は、彼女のこの思いをくみ取って、一周忌の法要を引き受けることを承諾した。

次の週に、ナオコさんは母と自分の家族を連れてお寺に再びやってきた。そして、本堂で父の一周忌の法要が営まれることとなった。法要を終えた後で、どことなく明るい表情になった彼女は、私にこう伝えてくれた。

「お経を聴きながら拝んでいたら、不思議なくらい気持ちが落ち着きました。なんだか憑《つ》き物が取れたような感じがします。夢の中で、父が「独りにしないでくれ」って叫んでいたことがずっとひっかかっていたんですよね。でも、今なら「お父さん、もう独りじゃないからね」ってちゃんと言ってあげられるような気がします。たぶん、うちの父が先生のところに私を導いてきてくれたんですね。本当にありがとうございました。」

この法要は、ナオコさんにとっての「心の葬儀」になったようである。これをきっかけに、彼女が亡くなった父をありのままに受け入れ、次の一歩を踏み出すことができるようにと願って、私は静かに手を合わせた。

③ 仏教カウンセリングという思想

さて、ここからは物語風に描いてきた本事例に基づいて、仏教カウンセリングとは何なのかについて考察していきたいと思う。

そもそも本事例は、何をもって仏教カウンセリングの実際と言えるのだろうか。表面的になぞるならば、お寺に突然訪れた人から僧侶が相談を受け、結果、亡き父の一周忌の法要を行うことになった、という話である。これだけなら、仏教カウンセリングとは、お寺や僧侶や法要といった仏教に関連するワードが場面設定として出てくるカウンセリングのことだ、という誤解を招きかねない。事の本質は、設定（ハード面）にあるのではない。そうではなく、クライエントの話を聞いていくカウンセラーの信念や態度（ソフト面）にこそ、仏教カウンセリングと呼ぶことのできる理由があるのだ。なので、この概念を定義するならば、さしあたり次のように言うことができるだろう。

仏教カウンセリングとは、仏教の人間観や仏教精神を立場とする人が行う対人援助としてのカウンセリング理論とその実践方法を指す。

そこで、本事例の具体的な考察に入る前に、このような定義に基づく仏教カウンセリングという思想がいかにして形成されていったのかについて、その提唱者たちの考え方を概観しておくことにしよう。

仏教カウンセリングという言葉を最初に用いて提唱したのは、藤田清（1907–1988）という人である。彼は、大阪の四天王寺に縁があり、もともとは聖徳太子の研究者だった。四天王寺は、日本仏教の黎明期に建立された最古の寺院の1つであり、日本最初の総合福祉施設（療病院・施薬院・悲田院・敬田院の四箇院）が開かれた場所としても知られている。そこで、四天王寺が培ってきた慈悲の精神の伝統を受け継いで、戦後の復興期に、この寺院の区域内に市民のための人生相談所が開設された。この相談所の相談員（カウンセラー）の1人として勤務していたのが藤田だった。

藤田は、仏陀が行っていた「対機説法」（相手の能力や理解度に合わせて個別に説法すること）こそ、カウンセリングの原点であり、「仏教とは本来カウンセリングの体系である」と考えていた。そして、大乗仏教の祖であるナーガールジュナ（龍樹）の相依相待《そうえそうたい》の縁起観を理論的根拠として、仏教カウンセリングは、カウンセラー中心でもクライエント中心でもなく、相互に関係しあうことで初めて成り立つものだと理解する。また、その実践方法として、『中論』の「帰謬論法《きびゅうろんぽう》」のモデルを導入する。これは、まずはクライエントの立場に立って、クライエントと同一方向に進みながらも、少しずつそこで語られる悩みや葛藤の背後にある「とらわれの心」を浮き彫りにしていき、その論理矛盾を明らかにすることによって、そこから新しい視野に立たせて問題を解消するように導くというものである。これを「否定的啓発法」と呼んでいる。

藤田がこうした理論と実践方法を打ち立てたのは1950年代の後半であり、これを体系化して『佛教カウンセリング』という著書を出版したのは1964年である。これは、カール・ロジャーズ（C. R. Rogers, 1902–1987）の非指示的カウンセリングの考え方が日本に導入され、普及し始めた時期とちょうど重なっている。したがって、仏教カウンセリングが提唱された背景には、ひとまず「クライエント中心療法」の考えが強く意識されていたことが伺える。

とはいえ、藤田は、クライエントが自分の思いにとらわれているのに、その語りを「ただひたすらに聞く」という態度には疑念を抱いていた。否定的啓発法は、非指示的でもあり指示的でもある。クライエント中心にもカウンセラー中心にもなりうる。仏教の縁起観に立てば、どちらかに固定して考えることと自体に無理がある。クライエントの「とらわれの心」を否定して正しい認識を深めていくように啓発するには、主体の中心軸を定めない対話型コミュニケーションに立つことが必須条件であると、藤田は考えていたのである。

こうした考え方は、ロジャーズのクライエント中心療法というよりは、むしろアルバート・エリス（A. Ellis, 1913–2007）の「論理情動療法」に接近しているように見える。論理情動療法では、悩みの根底には「イラショナル・ビリーフ（非合理な信念）」があるとし、その論理矛盾をついていくことで、「ラショナル・ビリーフ（合理的な信念）」へと向かわせるような対話を試みる。これは認知療法の先駆けとなった技法である。

もう1人、藤田とは別の観点から仏教カウンセリングを提唱したのが、西光義敞（1925–2004）という人である。西光は、浄土真宗の僧侶として聞法求道にはげみ、また高校の教員として生徒たちの教育相談に携わるという2つの実践経験を通して、真宗の教えとロジャーズのカウンセリング理論の接点を「聞く」という姿勢に見出そうとした。そして、1960年代に「真宗カウンセリング研究会」

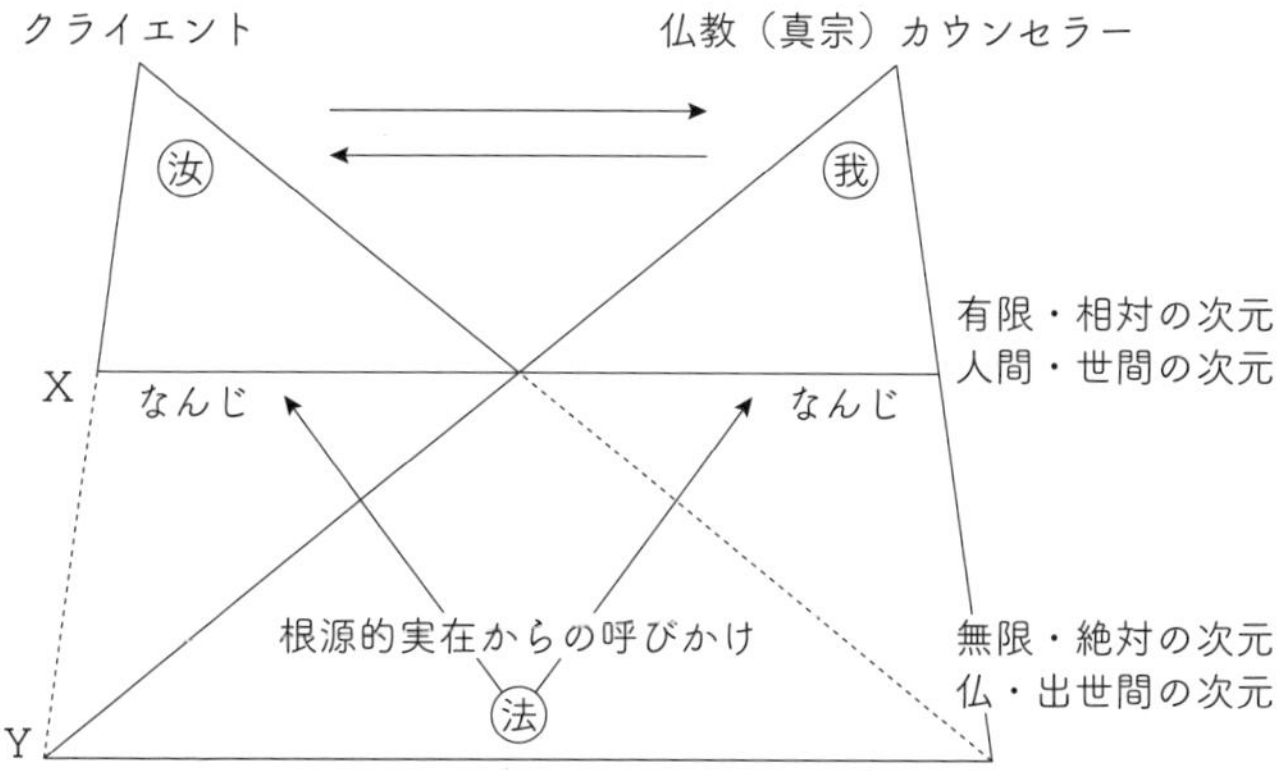

図2-1　仏教カウンセリングの構図

出所）坂井祐円『仏教からケアを考える』法藏館，2015年。

を立ち上げて以来、この理論の構築と実践活動に専心していく。

西光の考えによれば、仏教カウンセリングが成立するためには、何よりもまずカウンセラー自身が仏教精神を主体的に生きていることが必須条件となる。それは、1人の求道者として仏法（ダルマ・真理）を聞くということ、すなわち「聞法」に依拠する生き方である。西光は、このような求道的な立場からロジャーズの人間観を検討することで、仏教の人間観との相克を感じざるを得なかった。ロジャーズは、人間を内なる実現傾向をもつ有機的生命体として捉え、この傾向を単純に肯定して人間信頼・人間尊重の根拠としているが、これは生の充足のみを追求する見方である。これに対し仏教では、有機的生命体は単に生の枠内でのみ生きているのではなく、死を同時に合わせ含んだ存在であり、そうした生命存在が煩悩の波濤に揺れながら、にもかかわらず悟りへと転換しうる可能態であるところに、絶対的な平等性と尊厳性があると捉える。

ロジャーズの人間理解への批判を経て、西光は〈有限で相対的次元としてのクライエントとカウンセラーの関係性〉と〈人間を超えた無限で絶対的な次元としての〈仏〉の世界との関係性〉という二重の関係性からなる仏教カウンセリングの構図（図2-1）を見出していく。ここにおいて、仏教カウンセラーは、クライエントの話を共感的に受け止めつつ「聞く」と同時に、その内面において〈仏〉というカウンセラーからの呼びかけ（＝慈悲のはたらき）を「聞く」という、ダブルリスニングの実践を展開することになる。西光は後年、この実践の理念を、"Dharma-based Person-centered Approach: DPA"（ダルマに基づく人間尊重のアプローチ）と呼んだ。

4 仏教カウンセリングの実際についての考察

（1）仏教カウンセリングの仏教観

仏教カウンセリングでは、カウンセラー自身が仏教の人間観や仏教精神を主体的に生きていることが必須条件となっている。とはいえ、仏教に対する見方というのは一義的ではなく実に多様である。仏教精神を生きると一口に言ってみたところで、個々の受け止め方によってその感覚は変わってくる。それでもあえて共通する指標を挙げるとするならば、「迷いや苦しみを乗り越えて、悟りを開くこと、仏になることを目指す」というものが考えられる。しかし、悟りを開くとか、仏になるというのも、やはり一義的とは言い難い。

それならば、藤田のいう「とらわれの心から解放された状態」というのは、仏教の悟りに相当することになるだろうか。たとえ根源的な苦しみの解消に至らずとも、クライエントが、ある種の問題にとらわれ悩んでいた状態から、カウンセラーの促しによって、何にとらわれていたのかに気づいて、その問題から自由になることができるのであれば、否定的啓発法としての仏教カウンセリングの目的はひとまず達成されることになるであろう。そして、そのこと自体は、１つの気づき（Awareness）であり、これをもって悟りの体験と捉えてもかまわないのではないか。藤田の考え方に沿ってみれば、こうした解釈も成り立つのである。また、その意味では、エリスの論理情動療法や、その後に続くベックの認知療法、それからマインドフルネス認知療法なども、否定的啓発法としての仏教カウンセリングに類比できるように思う。

ここで本事例をふり返ってみると、とりわけ後半での展開は、捉え方によっては否定的啓発法を実践しているようにも見えなくもない。クライエントであるナオコさんは、父と生前に和解的な関わりができなかったこと、その後に孤独死という不遇な亡くなり方をしたこと、亡くなった後に夢の中に現れて「独りにしないでくれ」という悲痛な叫びを訴えたことなどの理由から、罪悪感に苛まれて父の後を追って自ら死のうと考えていた。そのため、カウンセラーである私は、彼女が罪悪感を解消するために自死という行動に結びつけようとするそのとらわれの観念への論理矛盾を明らかにすることで、自死ではなく供養することこそが亡き父の望みであり彼女に求められていることなのではないか、という気づきを促した。それにより、クライエントを新たな視野に立たせることができたのである。

と、このように書いてみたものの、本事例のカウンセラーは、自覚的に否定的啓発法を実践していたわけではない。結果的にそうなっただけであり、あくまでもそのように見えるという解釈をしているにすぎない。むしろ自覚的な実践という観点からすれば、西光の仏教カウンセリングのほうが親和性は高いと言えるだろう。

西光は、浄土真宗の他力思想を立場としている。この仏教観では、悟りの世界、真実在の世界を、人間が能動的に求めた結果としての経験的な心理現象とは捉えない。そうではなく、すでに悟りの世界が「私」の内奥に「私」を超えて実現しており、今ここにおいて「私」を媒介としてはたらいているとする了解に立つ。そのような内在超越的な真実在の世界を「法（ダルマ・真理）」と呼んでいるのであり、これを浄土仏教のタームで表現するならば「阿弥陀仏《あみだぶつ》」ということになる。他力とは、阿弥陀仏の本願力、つまりはすべての有情を救おうとする内在超越的な〝慈悲のはたらき〟を指している。

さらに補足すると、阿弥陀とはサンスクリット語の〝Amita〟（無限・無量）の音写であり、ここには「アミターユス（無量寿）」と「アミターバ（無量光）」という2つの意味が連なっている。これは生命の根源性を示しており、その本質が光に満ちた永遠性としての「大いなるいのち」であることを象徴している。それゆえ、慈悲のはたらきとは〝いのちのはたらき〟と言ってもよく、とりわけ私たちが苦しみや悲しみ、傷つきや痛みの渦中にいるときには、このはたらきは「いのちの呼び声」となって私たちの元に届けられる。

(2)「聞く」ことの純粋性

西光が提唱した仏教カウンセリングというのは、日本仏教が見出した1つの宗教体験を基調とする世界観を根拠としている。仏教カウンセラーは、この世界観に対する確信的で自覚的な実感をもって生きている。当然ながら、これは実証的に組み立てられた理論ではない。実証主義的な心理学の立場からすれば、何とも理解しがたい観念体系に聞こえてしまうかもしれない。とはいえ、こうした見方を「日本的スピリチュアリティ」のもつ特有のナラティブとして受け止めるのであれば、共有することも可能であると思う。

すなわち、それは「いのち」の物語である。日本人の感覚からすると、いのちは、生きることと深く結びついている。というより、いのちがあるからこそ生きているのだと感じている。いのちは大切だというメッセージは、こうした感覚に由来していよう。この感覚は、人生の不条理や行き詰まりに直面したときに、その限界状況の中から「大いなるいのち」とでもいえるような何かにゆだねることによって、初めて立ち現れてくるものである。「いのちが私を生きている」、「いのちに生かされている」などといった表現をするのは、このことを伝えている。そして、このような状態にあるときには、自我感覚から離れた「無心」の感覚が実現していると言えるだろう。

禅仏教者の鈴木大拙（1870-1966）は、無心の状態について「絶対の受動性」と表現している。要するに、無心になるときには、「大いなるいのち」に対してただ受け身の状態になるほかないというのである。しかも、この状態は、道元のいう「身心脱落《しんじんだつらく》」の世界、あるいは親鸞の説く「自然法爾《じねんほうに》」の境地と同じであるとして、その具体的なあり様を「あるがままに流れに身をまかせることであり、あしよう、こうしようといったはからいから解き放たれることである」（鈴木 1968）と述べている。

日本的スピリチュアリティとしての「いのち」の物語を追っていくと、無心としての〈私〉、あるがままの〈私〉という姿にたどり着く。このことはそのまま仏教カウンセリングにおける「聞く」という態度につながっていく。

一般的なカウンセリングやケアの場面では、「聞く」ことは最も基本であり重視される。まずは相手の話にじっくりと耳を傾ける。これは相手を受け容れること、受容につながる。それから相手の感情や感覚に寄り添って理解しようと努める。これは共感につながる。ロジャーズは、受容と共感の前提として、「純粋性（genuineness）」という条件を挙げている。これは「セラピストが自分の内面でその瞬間ごとに流れつつある感情や態度に十分に開かれており、ありのまま（be oneself）である」（Rogers, 1986）という意味である。

純粋性について考えていくと、「聞く」という態度が「無心」の状態そのものであることがよくわかる。純粋性は「自己一致（congruence）」の状態であるとも説明されるが、構造的には《二重の自己》が問題になっている。

しばしば自己一致の1つの理解として、セラピストが内面の感情の動きに忠実で、これを外面の態度へと意識的に反映していくことを表す、という見方がある。しかし、これでは感情の動きにただ振り回されているのとあまり変わらないだろう。つまり、これは〈表層の自己〉のみを問題にした、能動的な自我感覚の中での感情の焦点化を示しているにすぎない。

「聞く」ことの純粋性が成立するときには、むしろ能動的主体としての「私」は次第に薄まっていくのであり、その場の流れにゆだねていく受動性としての〈私〉へと移行していく。これが、ありのままの〈私〉であり、無心となった〈私〉である。そして、こうした状態こそが本来の自己一致ということになるだろう。このとき〈私〉は〈深層の自己〉に開かれている。同時にまた、ここでは主体の転換が起こっている。〈深層の自己〉が〈私〉を媒介としてはたらき出し、「聞く」のことの主体となるからである。

この状態がさらに深まっていくと、クライエントもまた安心して自分の「語り」に集中することができるようになる。やがてはクライエントの能動的な自我感覚もかき消えて、〈深層の自己〉がはたらき出してくる。こうして、ついには〈語る――聞く〉という相補的な関わり合いのみが現出することになる。

深層の自己という表現は、ロジャーズの考え方から逸脱して、カール・ユング（C. G. Jung, 1875-1961）のいう無意識の中心としての「自己（Selbst）元型」を想起させる。これはまさしくその通りで、仏教カウンセリングにおける「聞く」という態度は、個性化過程における元型的なはたらきによって布置されていると言えるだろう。そして、このことを日本的スピリチュアリティの文脈に即して捉え直してみるときには、〝いのちのはたらき〟という表現に仮託されるのである。

（3）〝いのちのはたらき〟を自覚する

本事例を振り返ってみると、ナオコさんが「（カウンセラーが）お坊さんなので（孤独死で亡くなった）父を助けてもらえるのではないか」と感じてお寺に訪ねてきたのだと伝え、この言葉の意味を受け止めた時点から、カウンセラーである私は、カウンセリング過程に表出している〝いのちのはたらき〟に自覚的になっていった。ただし、その前から、クライエントの話を聞くことに徹して集中することで、カウンセラーの意識は、能動的な自我感覚から、受動性に転換して、流れの中に溶け込んでいくことができていた。だからこそ、いのちのはたらきにゆだねるという状態に自然に入ることができたとも言える。

その後に続くナオコさんとのやりとり、さらに、亡き父に対してナオコさんが本当に望んでいること、心の葬儀を行う必要があることに気づいていくという展開は、クライエントとカウンセラーが共にいのちのはたらきにゆだねることによって、その協働性の中から自然と立ち現れてきたものと言えるだろう。それはクライエントの抱くとらわれの心の論理矛盾を意識的にくずしていくといった方法とは、実質的に異なるものである。というのも、2人のやりとりが「阿吽の呼吸のよう」だったとするカウンセラーの実感が示すように、この展開はカウンセラーの意思を超えて起こってきた出来事だからである。

ところで、本事例はお寺に突然訪れた女性をきっかけに始まったが、これはあくまで人生相談なのであって、治療契約を前提とする心理療法に当てはめることには無理があると言えるだろう。ただ、それでも、ナオコさんの発言や行動の履歴をアセスメントしていくことで、そこにいくつかの精神症状を読み取ることは可能ではある。まずは、自分の父親が孤独死によって亡くなったというショックからその死を受け入れられず、直後の葬儀の際には悲嘆反応としての解離が生じたと考えることができる。また、亡き父が夢枕に立つヴィジョンやトラウマ化した孤独死の場面を再現したような悪夢を継続的に見ることで、うつ症状としての罪業妄想に陥り、自殺念慮にとらわれて衝動的に死に場所を探し回るといった奇行を起こしている。結果的に、僧侶に相談したことから、亡き父の法要を挙げることになり、精神的な安定を取り戻すことになったが、今後も精神症状が現れる可能性は否めないといったところである。

とはいえ、仏教カウンセリングというのは、こうしたアセスメントに基づいた治療的介入を行うこと、すなわち医療モデルに基づく心理療法には、やはり向いていないように思う。たとえ精神症状として表出した現象であっても、そこには「いのちの呼び声」が届いている。仏教カウンセラーは、クライエントの「語りを聞く」と同時に、そこに立ち現れる「いのちの呼び声を聞く」ことに徹するのみである。そして、このような「聞く」という態度において、クライエントが描きだす固有の「物語（ナラティブ）」のもつ意味を受け止めていくことが重要な役割になってくるのだろう。

たとえばそれは、最初の葬儀の後にナオコさんが継続して見ていた亡き父の夢についての語りをどう受け止めるのか、といったことである。この夢をナオコさんの父に対する罪意識が投影された深層心理的なヴィジョンとして解釈することはひとまず可能である。しかし、仏教カウンセラーの視点に立てば、この死者の夢にもまた〝いのちのはたらき〟が等しく流れていると捉えることになるだろう。中世の日本では、夢の世界は1つの霊的な現実であり、夢に出てくる死者や、神仏・菩薩などは霊的なメッセンジャーであって、夢見手の生き方の方向性を示してくれる存在と考えられていた。ナオコさんの夢に出てきた死者としての父もまた、霊的なメッセンジャーであると考えてみると、この物語における夢の意味が深く味わえるのではないだろうか。結果的に見るならば、死者となった父自身が、夢を通して、ナオコさんを心の葬儀へと導き、心の成長を促すことになったと考えることができるからである。

⑤ 仏教カウンセリングは、ただのカウンセリングである

仏教カウンセリングは、はたして特殊なカウンセリングなのだろうか。クライエントの立場になってみれば、おそらくは普通にカウンセリングを受けた感覚なのだろうと思う。要するに、話を聞いてもらって、もやもやした気持ちをすっきりすることができた、といった感覚である。ところが、仏教カウンセラーの自覚からすると、その営みは仏教カウンセリングになるのである。

とはいえ、仏教カウンセラーであっても、この営みに対して特殊性を感じているわけではない。クライエントの語りに対して「聞く」という態度を実直に心がけているにすぎないのである。ただし、そうした態度を続けていると、やがていのちの呼び声に気づかされ、その声が聞こえてくる。そうして、いのちのはたらきにゆだねることができるようになるのである。

こういった日本的スピリチュアリティに仮託したナラティブの表現をとるのは、仏教カウンセリングの1つの特徴ということになるかもしれない。ただし、カウンセラーがそうした態度に徹底しているときには、実感としてはもはや仏教とかいのちといった言葉すら必要としなくなっている。そこにはただ〝はたらき〟だけが静かに流れていると感じられるからである。

参考文献

Rogers, C. R., 1980, *A Way of Being*, Haugton Mifflin（畠瀬直子監訳『新版　人間尊重の心理学――わが人生と思想を語る――』創元社、２００７年）

加藤廣隆・東山紘久『カウンセリングと宗教』創元社、２００７年

河合隼雄『ユング心理学と仏教』岩波書店、１９９５年

西光義敞「真宗カウンセリングの成立」西光義敞編『援助的人間関係』永田文昌堂、１９８８年

西光義敞「仏教とカウンセリング」恩田彰編『東洋の智慧と心理学』大日本図書、１９９５年

坂井祐円『仏教からケアを考える』法藏館、２０１５年

坂井祐円・西平直編『無心のケア』晃洋書房、２０２０年

鈴木大拙「無心といふこと」『鈴木大拙全集　第７巻』岩波書店、１９６８年

西平直・中川吉晴編『ケアの根源を求めて』晃洋書房、２０１７年

藤田清『佛教カウンセリング』誠信書房、１９６４年

第3章

生き抜くためのスピリチュアルケア

――精神科領域におけるスピリチュアルケアの実践――

非営利一般社団法人
大慈学苑代表
玉置妙憂

① 生きるためのスピリチュアルケア

スピリチュアルケアという言葉に、「死に逝く人のための心のケア」というイメージを抱く方が多くいらっしゃるのではないでしょうか。実際、医療の領域では終末期である緩和ケア病棟や、在宅医療においても看取りの場面が、スピリチュアルケアの主たる実践場になっているのも事実です。しかし、スピリチュアルペインというものは、死の間際に限定して生じるものではなく、すべて人が生まれた時から心の奥底に抱えている根源的なもののように感じます。従って、スピリチュアルペインの顕在化は、老若男女に関わらず、人生のどのステージにあっても起こり得ることであり、それをケアしようとするスピリチュアルケアが必要とされ、また有効である場面というのも、必然的に人生のあらゆる時期にあってしかるべきだと感じていました。

死ぬためのスピリチュアルケアではなく、生きるためのスピリチュアルケア。それを模索している最中に、精神科医山下悠毅医師と出会い、山下医師が院長を務めるライフサポートクリニック（東京都豊島区要町）における精神科デイケアで、スピリチュアルケアを実践する機会を得ました。

精神科デイケアとは、精神障害や心の不調を抱える方が、社会参加、社会復帰、復学、就労などを目的に、さまざまなグループ活動を行う通所施設です。スポーツ、創作活動、料理実習、パソコン学習、ミーティングなど多種多様なプログラムを行う精神科リハビリテーション治療の一種で、精神疾患の再発防止に効果があるとされ、健康保険の適用が認められています。

ライフサポートクリニックのデイケアには、さまざまな種類の依存症の方やうつ病などの精神疾患の方が通院していますが、私が主に関わらせていただいているのは、依存症とリワークの方々です。

リワークとは、return to work の略語で、気分障害やうつ病などの精神疾患を原因として休職している労働者に対し、職場復帰に向けたリハビリテーションを実施する場です。その内容を、復職支援プログラムや職場復帰支援プログラムともいいます。私は、そのプログラムの一環として、既存の療法に仏教的考え方とスピリチュアルケアの観点を導入して構築した独自のプログラム『GEDATSU』を実施しています。

「精神科とスピリチュアルケア？」と、疑問を抱かれた方がいらっしゃるのではないでしょか。

この疑問は当然で、精神保健福祉領域でのスピリチュアルケア的アプローチに関しては、1998

年にWHOで「健康の定義」にスピリチュアルの概念を導入しようと検討されて以来、日本の専門家の間においては否定的であり拒否的であったと言わざるを得ない状況でした。それは、欧米の文化の中では宗教とスピリチュアリティが同じ意味で用いられることが多く、多人数で盲目的に傾倒する宗教を警戒し、毛嫌いする風潮が根底にある日本文化の中においては、スピリチュアリティ及びスピリチュアルケアも同等に捉えられ、スピリチュアルケア的アプローチを受け入れる土壌が育たなかったからではないでしょうか。

しかし、実際、精神科の臨床においては、疾患のもたらす苦しみや社会生活に順応できない苦しみから「生きている意味がわからない」「早く死んでしまいたい」「私の人生はいったい何だったのか」といった根源的な、まさにスピリチュアルペインを抱えている方が非常に多くいらっしゃるのです。

一見、終末期にある人と精神疾患を抱える人は、まったく異なるように思われるかもしれませんが、人間の存在そのものを問う根源的な領域において生じるスピリチュアルペインを抱えているという点においては、大いに共通しています。もちろん、精神症状の病理としての宗教的体験と、心の苦悩としてのスピリチュアリティは分けて考える必要があり、細心の注意が必要です。でも、精神科リハビリテーションの「その人自身の持つ力を最大限に活用して回復する」という観点から考えた時、医療だけで対処するのは難しく不十分で、スピリチュアルケア的なアプローチが大きな意味を持つと感じています。そして、そこに「生きる智慧」としての仏教的考え方の要素が入り、〝仏教的考え方に基づくスピリチュアルケア〟となることは、極めて自然で、かつ、極めて有効であるというのが、実践者としての私の体感です。

たとえば、アルコール依存症やうつ病の患者には、抗酒薬や抗うつ薬による治療が行われますが、それだけでアルコール依存症やうつ病が治るわけではありません。自分の考え方や行動の癖のようなものに自分で気づき、それを徐々に変えていくことが、薬による治療と同時に必要なのですが、その「自分の考え方や行動の癖のようなものに自分で気づき、それを徐々に変えていく過程」に、仏教的なものの見方が大いに役立つわけです。

② リハビリテーション・プログラムとしての仏教プログラム『GEDATSU』

リハビリテーション・プログラムとしての『GEDATSU』をどのように実践しているか、ご紹介させていただきます。まだ手探りの状態で、その効果に対する検証研究も実施しておりませんので、単なる活動報告としてお読みいただけますと幸いです。

『GEDATSU』の具体的内容につきましては、参加者の方にお配りしているものを表にお示ししましたのでご参照ください（表3－1）。この内容を、約3か月を1クールとして、繰り返し実施しています。では、いくつかの実際の様子をご報告します。

表3－1　GEDATSU

	プログラム名	形　式	内　　容	時　間
1	クライシスプラン	講義＋演習	クライシスプランとは，安定しているときにあらかじめ考えておく『やばい時の私のトリセツ』だ。これがあれば，どんなときも安心。	90分
2	自利と利他	講義＋演習	「自利」と「利他」について学び。自利を満たす方法を30個見つける。	90分
3	エンパワーメント	演習	さまざまなエンパワーメントのワークショップを通して，自己肯定や他者承認，自己表現等の力を身につける。	90分
4	生育歴	課題＋演習	自分の生育歴を振り返ることで，今，抱えている問題の原因を探す。解決策はここにはない。原因のあるところにあるのだ。	90分×2
5	カルマ探し	演習	カルマとは人生の課題。人はこの世にカルマを持って生まれる。日々の出来事はカルマをクリアするために用意されている。	90分
6	曼荼羅つくり	演習	紙とペンだけで自由に曼荼羅を描く。思いのままを形にしていく作業はマインドフルネスで，安定した精神状態を満喫することができる。	90分×2
7	瞑　想	演習	呼吸をコントロールし，瞑想に挑戦する。数息観，手動瞑想，歩く瞑想，など瞑想のバリエーションにもチャレンジする。	90分
8	妙憂流解釈アビダンマ	講義	仏陀の説いたアビダンマの中には，現代の生活にも活かせる要素がぎっしり。生きることが楽になる智慧をわかりやすくお伝えする。	90分×∞
9	デストライアル	演習	我々はいつか死ぬと知ってはいるが，リアルではない。『死』を体感することで，今を生きるヒントが見つかるかも？！	90分
10	大数珠回し	演習	身体と声と意識を使って，大数珠を回すという作業に没頭する。ただひたすら繰り返すことの中から生まれてくる「何か」を見つけるワークショップ。	90分
11	如実知自心カードゲーム	講義＋演習	「見えなにものには振り回される」はたして私たちは，自分自身が見えているだろうか。108の質問に答え，とことん自分を解明していく。	90分
12	プチリチュアルつくり	講義＋講義	プチリチュアルとは，小さな儀式のこと。日常生活の中にプチリチュアルを取り入れることで，自分のセーフティーゾーンとつながる方法を手に入れる。	90分
13	ミニカウンセリング演習	演習	話すことは放すこと。人に話すことで私たちは抱えた重荷を放すことができる。また，人の話を聴けるということも，重要なスキルである。	90分
14	マインドセントリックコミュニケーション	講義	マインドセントリックコミュニケーションは，人の心を真ん中に置いた会話方法。人間関係を良好に保つヒントがぎっしり！	90分

出所）筆者作成。

③ 大数珠回し

その日は、真言を唱えながら大きな数珠をみんなで回す「大数珠回し」をしました。参加者は、アルコールをはじめとするさまざまな依存症の治療中である患者さんたち数十名です。

Aさんは、輪の中に入って座ったものの、初めは「こんなことやって何になるんだよ。バカバカしい。」という感じで、数珠を回そうとはしませんでした。両手を膝の上に置いて掌を上に向けて開いたまま、その上を数珠が通っていくのを憮然とした表情で眺めているだけでした。

ところが、真言を108回唱え終わるまでかなり長い時間数珠を回し続けますから、ただただ手を開いてぼんやりしていることに飽きてしまったのでしょうか、途中から数珠を握って回しはじめ、しだいに腕まで使って一生懸命回すようになりました。そして回し終わったときに「やってみたら、案外はまっちゃったよ。なんだろう、こんなことで盛り上がっちゃった！　数珠を回している間、酒のことなんて、ぜんぜん考えてなかったわ！」と、すがすがしい笑顔で言っておられました。そして、「これ、真言のパワーなのかな。真言のパワーで、オレがパワーもらったみたい。」と、真言をカタカナ書きで手帳にメモしていました。Aさんの中に、人智を超越した〝信じられる力〟が存在するようになった瞬間でした。

『ＧＥＤＡＴＳＵ』では、ワークをするだけでなく、そのあとで参加者がそれぞれ感想を述べ、体験を分かち合うシェアリングタイムを必ず設けます。その際には、私がその日やったことの意味を、それとなく仏教の教えに結びつけてお話しします。大数珠回しのシェアリングタイムでは、「自分がサボっていても、ほかの人が回してくれて大数珠が回っていた。なんか、支えられている感じがした。」「この世の中はみんなで回しているんだ、つながっているんだ、と感じた。自分もちょっとは役に立っているんだと思えた」などの感想がありました。

『ＧＥＤＡＴＳＵ』は、このように仏教の考え方やテイストを取り入れた療法で、医学的に分類するとすれば、作業療法や認知行動療法に入ります。

作業療法は何らかの作業をすることによって、認知行動療法は考え方を変えることによって、心身の病気や障害の回復を目指します。これらの療法には、各種手作業や音楽、美術、運動など、さまざまなジャンルのプログラムが取り入れられていて、仏教もその１つという位置付けです。

④ 「輪ゴム」を「念珠」に変える

『ＧＥＤＡＴＳＵ』は、分類するとすれば作業療法や認知行動療法に入ると言いましたが、それらとまったく同じかといえば、そうではありません。

たとえば、アルコール依存症の治療では、認知行動療法の一環として、「お酒を飲みたい」という衝動を止めるために、輪ゴムを使うことがあります。手首に輪ゴムをはめておいて、飲みたいと思ったら、輪ゴムをパチンと弾くのです。意識をそらすことで衝動を止め、この行動をルーティン化することで、飲まずにいることを保つわけです。

とはいえ、実際に輪ゴムをパチンパチンとやっていると、非常に虚しい感じがします。40歳、50歳になったいい大人が輪ゴムを弾いている姿は、自分でも不毛な感じがして、やりきれなくなってくるのです。

ところが、輪ゴムを念珠に変えて、そこに意味を付加すると、感じ方がまったく違って来ます。大事な娘のために、お酒を飲まずにいたいと思うなら、娘に対する誓いを念珠に込める。仏様でもお母さんでも、大好きなおばあちゃんでもイチローでも誰でもいい、自分がとても大事に思っている人がいるなら、その人が念珠に宿って一緒に誓いを守ってくれると思う。すると、念珠が単なる物ではなく、価値のある大事なものになって、輪ゴムよりもずっと長続きするのです。

念珠は、『GEDATSU』のプログラムの中で、念を込めながら自分で作ります。腕にはめ続けているうちに切れることもありますが、切れたら切れたでそこにも意味があると考えることができます。苦しみが積み重なった自分の身代わりになって、これまで頑張ったことを認めて、切れてくれたのだと思えるからです。そして、念珠がこれまでの苦しみを持ち去ってくれたことで、少しだけ軽くなった身で、新たな念珠を作ればいいのです。

実際に、念珠を作ったときには、みなさんとても喜んでいました。アルコール依存症患者のBさんは、「うまくできたから、かみさんにあげるんだ。つけてくれているのを見るたびに、今日も飲まないで頑張るぞ！ って思えそうだよね。」と笑顔でした。

ただ、このようなプログラムは、必ず医療と一緒に行うことに意味があります。「この念珠を身につけていれば必ず治る」という輩がいたら、それは怪しいと思って間違いありません。一方には医師がいて、科学的な分析に基づき、論理的に治療を進める。その治療といっしょに、別の立場からアプローチをすることによって初めて、きちんと機能するのです。『GEDATSU』は、医療と宗教の間にあり、医学モデルと宗教モデル双方のよいところをバランスよく取り入れたスピリチュアルケア的アプローチでありたいと考えています。

5 宗教性を消しすぎて心の拠り所がない

実は、精神疾患の患者さんと関わることになったとき、「宗教なんて、やめてくれ」と、拒絶反応があるのではないかと心配しました。しかし、すぐにそれは杞憂であったことがわかりました。

このことは、「宗教的な心を大切だと思うか」と尋ねると、「大切だと思う」と答える人が約7割という、日本人の〝気質〟のようなものを反映しているのかもしれません。同じ調査（『日本人の国民性調査』2013年）で、「宗教を信じるか」との問いには、「信じていない」と答えた人が約7割だったことを鑑みると、私たちは「宗教」は信じていないけれど、「人智を超越したなにか」があることは信じ畏怖している、つまり、宗教と信仰を分けて捉えているようです。

実際に、『GEDATSU』のプログラムで写経や瞑想をしてもらうと、みなさんとても真剣に、熱心に行います。写経など、時間内に写し終わらないと、休み時間まで使って仕上げる人もいるほどです。

医療はこれまで、宗教的なものを排して、科学に徹することを目指してきました。森田療法やマインドフルネスなど、宗教における内観や瞑想をベースにした療法も、そこから宗教的な要素を取り除くことで、療法として認められてきたのです。

ところが、宗教的なものを排し続けてきた結果、医療の現場では宗教的なものに一切触れることができなくなってしまいました。それは、宗教的なものを消しすぎた結果、心の拠り所がなくなってしまった、と言い換えてもよいでしょう。キリスト教系や仏教系であると看板を掲げている病院の一部には、院内に教会や本堂が設置され、聖職者や僧侶が常勤しているところもありますが、ほとんどの病院は宗教と無縁です。

けれども私たちは、受験の前には合格祈願をしますし、寺社に詣でて無病息災を願ったりもします。

つまり、いくら日々努力を重ねても、それだけでは心が落ち着かないことがあり、そのようなときにはごく自然に神仏に祈り、拠り所としているのです。それと同じように医療の現場でも、時には「念珠が効く」と思ってもよいのではないでしょうか。それで患者さんご自身が楽になり、支えを感じられるのであれば、禁止する意味はありません。医療と同じ場に宗教もあって、患者さんがご自身の気分に応じて自由に触れることができれば、それがいちばんいいのではないかと思うのです。

⑥ 医療的にはNOでも、仏教はNOではない

アルコール依存症を例に、精神疾患の患者さんへの仏教的な関わり方について、もう少しお話ししましょう。

アルコール依存症では、お酒を飲んでしまうことを「スリップ」と言いますが、患者がスリップすると医師や看護師は厳重に注意をするとともに、どうしてもネガティブな反応をしがちです。「どうして飲んじゃったんですか。これまでの努力が水の泡ですよ。」とか、「ああ、やっぱりまた飲んじゃったんですね……。」といった具合です。スリップは、医療的には積み上げてきたものが崩れ、振り出しに戻る残念な失敗なのです。

しかし、仏教的考え方に基づくスピリチュアルケアの立場から見れば、スリップするのもしないの

も、その人の人生です。お酒を飲みたければ飲めばいいし、飲みたくなければ飲まなければいいのです。アルコール依存症の患者さんにそう言うと、みなさんびっくりして、ものすごく喜びます。「ですよね！　いいんですよね、飲んでも！」などと言って大騒ぎです。ところがだんだん、そう言われることが、禁止されるよりも大変だということがわかってきます。

「飲んではいけない」と言われるから、反発をして、陰に隠れてコソコソ飲むのです。「ダメだ」と言われるから、「なんだよ、バカヤロウ」みたいな気持ちになるわけです。過度の飲酒を止められず問題が生じて困っているのは自分です。飲むのも困るのも自分ですから、飲んでもいいし、飲まなくてもいい。ところが、医療側も治療代をいただいて治すという立場ですから「勝手にしていいよ」とも言っていられません。ああしろ、こうしろと口を出すことになります。いつのまにか、双方の「軸」がこんがらがってしまっています。自分のために止めるべき行為が、医者のために止めてやる行為になってしまっています。本人が考えて判断すればいいことが、治療という枠の中で医療がする判断になってしまっています。その結果、スリップした患者さんは「ダメな人」であり、「失敗した人」になってしまうのです。しかも、その失敗の原因をお互いに擦り付け合っています。

仏教的考え方に基づくスピリチュアルケアの立場では、スリップしたことでその人を否定したりはしません。スリップも、生きていればあることでしょう。誓いを破ることも、生きていればあることです。あったことはあったこととして、こだわらず、怒らず、悔しがらず、次に進めばいいだけなのです。何度でも心を入れ替えて再スタートを切ればいいだけです。

医療的な厳しい対処ももちろん必要ですが、それだけでは人は追い詰められてしまいます。楽になれる道を残しておいて、バランスをとりながら、何度スリップしてもまた真ん中に戻って歩いて行けばいいのです。

⑦ そのものよりも、そこに至るまで

ところで、リワークで『GEDATSU』に参加してくださっている患者さんが私と話をするとき、どんな話題が出ると思われますか？　復職に向けての具体的な相談事は、医師や看護師にしているのでしょう。私には「いつも人間関係がうまくいかないのはなぜだろう」とか、「生きていく希望が見えなくなっちゃった」「一番大切にしているものはなんですか」といったような、答えのない漠然とした お話が多いのです。

また、離職には、辞めるに至った理由があります。たとえば、出世することを目標にがむしゃらに働いてきたのに、失敗してしまって、お酒をたくさん飲むようになって、出社できなくなってしまった、というように。医療はしばしば、「出社できなくなるほどの多量飲酒」を問題としてピックアップしますが、そもそも、出世することが人生の意味だと思っていたところに、問題があるのかもしれ

ません。

つまり、「出社できなくなってしまった」ということの前に「飲酒」の問題があり、「飲酒」の前に「出世第一」という生き方の問題があるのです。それを改善しなければ、一旦はお酒をやめて復職しても、また元に戻ってしまいます。まさにその部分、どうやって生きるかを考えるところに、仏教的考え方に基づくスピリチュアルケアを取り入れる意義があります。

繰り返すことというのは、その始まりに問題があるという捉え方をします。表面的に露見していることを止めようとするのではなく、なぜそれが繰り返し起こるのかその始まりに戻って梃入れしないと、物事は整わないと考えるのです。

そこで、『GEDATSU』では、その「事の始まり」を見つけようとします。「ものごとの始まりに何かがきっとあるから、そこまで戻ってそれを見つけよう!」というのが私も含めた参加者全員の課題です。もちろん、「事の始まり」を見ることに、抵抗を示す患者さんもいらっしゃいます。無意識のうちに封印し、見ないで済ませている事柄を見ようというのですから、ストレスがかかります。中には、自分にとって都合の悪いことを目の当たりにしなければならない時もあるからです。決して無理はさせませんが、支え合う仲間もいますし、また、いざとなったら「諸行無常」で乗り切ろうという仏教的な考え方があるからこそできる作業でもあります。

終末期の場合であれば、このようなアプローチはほぼしません。しかし、生きていくためのスピリチュアルケアでは、ご本人がこれからどう生きていくのかを考え、必要に応じて価値判断基準や思考回路を組み直さなければならないため、必然的に話の聞き方や方向付けが、終末期の患者さんとは異なってきます。

⑧「独りだ」と言いながら、人のせいにする

物事の始まりを見ることに加えてもう1つ、人は徹底的に独りだということを、きちんと心に落とし込むことが大切だと思っています。

「こんなことになったのは、親が悪いからだ」「あの人にあんなことを言われたから、こんなことになってしまった」「もっと綺麗な顔にしてくれていれば、こんな人生じゃなかった」と、しばしば、すべてを人のせいにする考え方をする方に接することがあります。そして決まって「誰にも愛されたいと思わない」とか、「独りで生きていくと決めている」などとも言うのですが、その言葉の裏側には独りでいることの寂しさや、人に愛されたい、甘えたい、認めてもらいたい、といった気持ちが澱のように溜まっているのです。〝人は徹底的に独りだ〟ということが腹に落ちていないのです。

物事を他者のせいにしないこと。誰からも愛されなくても、誰ひとり横にいてくれなくても、独りで立っていられるようになること。人はみんな徹底的に独りだということが腑に落ちたとき、初めて

自分で自分を律することができるのではないか。そんなことを、話し合う機会も多くあります。

では、徹底的に独りであるとは、何者にも護られない孤独な状態かと言えば、そうではありません。単なる人間関係ではなく、もっと宇宙的なもの、神や仏、ご先祖様も含めたあらゆるものが、自分とともにあると感じ、信じることができれば、とても楽になります。これほど揺ぎ無い強さはありません。

たとえば、アルコール依存症の患者さんは、自分の意識を変えるために、「私はお酒を飲みません。お酒を飲まずに、毎日明るく元気に暮らします」と、何度も繰り返し言うという方法をとることがあります。もちろん、それでもいいのですが、そこには自分の力しかありません。

けれども、その言葉を真言に変えれば、お酒を飲まないという誓いを守るために、仏様が共にいてくれることを感じられます。唱えるのは真言でなくとも、大好きなおばあちゃんの名前でも、大切な娘の名前でも構いません。それを唱えることで、支えてくれるものの力を身近に感じられればいいのです。大きなものが自分とともにあると感じられるようになったとき、私たちは独りであっても、孤独ではないのです。

⑨ 自分の「死」を考えるプログラム「デス・トライアル」

『GEDATSU』では、「死」を身近に感じて自分を見つめ直すためのワークショップ、「デス・トライアル」というプログラムを実施しています。自分の「死」について考えることは、長いスパンでものごとを捉えるためにも、人間の器を大きくするためにも有効なのではないかと考えています。しかし、日常の生活の中で自分の「死」を主観的かつ客観的に意識する機会というのはなかなかありませんから、ワークショップとして実施することにしました。

参加者は、他の人の手元が見えないように、適度に間隔をあけて、壁に向かって座ります。座ったら、自分が大切だと思うものをそれぞれ10個ずつ、3つのジャンルについて書き出します。1つ目が、物としての大切なものです。お金や車、家などを書く人が多いかもしれません。2つ目が、物以外の大切なものです。子どもや親、配偶者、あるいはペットなども入ってくるかもしれません。3つ目が、夢や希望、やってみたいことです。温泉に行きたいとか、あの店の何々が食べたいといった、手近な希望でも構いません。

それぞれ10個ずつ合計30個を、1つずつ付箋に書いたら、目を閉じます。全員が目を閉じて静かになったところで、私がナレーションを始めます。「ここは病院の診察室です。検査結果を、今から医師が説明します」と、それぞれの参加者に余命があと半年であることを告げます。さらに、アメリカの精神科医、エリザベス・キュブラー＝ロスの「死の受容プロセス」を援用して、余命半年と告げられた人の気持ちがどのようであるかイマジネーションしていきます。「死の受容プロセス」とは、「患者が死を受け入れる際には、否認・怒り・取引・抑うつ・受容の5段階を経る」というもので、終末期の人との関わりを考える上での、重要なモデルとして広く知られているものです。

死の受容プロセスのうち「否認」、すなわち「自分の死が信じられない」段階の気持ちになっていただいたところで、どのジャンルからでもかまいませんから、30個のうち6個選んで捨ててもらいます。

参加者は、物語が進行し、死の受容段階がすすむに沿って、次々に、目の前に並んでいる大切なものを手放していきます。

途中、「抑うつ」の段階あたりから、五感からも感じていただくためにお香を焚き、最後のひとつを手放すところでチーンと鉦を鳴らし、すべてを手放して瞑想に入ります。

しばらく瞑想したあとは、涅槃に行ったままではいけませんから、きちんと意識を覚醒させて場を戻します。そして全員が順番に、最後に残したものとその理由、やってみての感想を発表し、体験を共有します。

⑩「死」までのプロセスをいかに充実させるか

最後に1つだけを残すところでは、みなさんかなり真剣に悩みます。もちろん、最後に残ったものに関して、何が良い悪いということは、まったくありません。何が残ってもいいのです。もうとうに亡くなっているお母さまを残された方もいらっしゃいましたし、〝酒〟が最後まで残った方もいらっしゃいました。

参加してみての感想もさまざまです。リワークのCさんは、離職に関連してすっかり生きる気力を失くしていたのですが、ワークショップ終了後のシェアリングでは「もう死んでもいいと思っていましたけど、こんなゲームでも〝死ぬ〟ってことになると嫌だった。生きていたいなと思っちゃいました。」と言っていました。同じくリワークのDさんは「こんなことしてなんの意味があるのかなって、最初はシラケていました。でも、最後に何を残すかってとこでは、ほんとに、真剣に考えてしまった。自分の中にこんな粘りが残っていたなんて、驚きでした。」と言っていました。

もとより、人の生死には答えがありません。このワークショップも、なにか決まった答えに導こうとするものではありませんから、感じ方も、気付きも、百人百様です。デス・トライアルで自分の「死」をイマジネーションすることが、〝今日過ごす1秒1秒が「死」への過程であり、だからこそ二度とやり直すことができない貴重な時間をどう過ごすかが大事なのだ〟という気付きにつながるかどうかは、わかりません。ただ、ひとつひとつ捨てていく中で、自分が何を大事だと思っているのかに気付き、これから先は、それを意識して生きることができるとすれば、少しは意味があるのではないかと思っています。

⑪ スピリチュアルケアギバーの背骨としての仏教

『GEDATSU』をはじめるにあたって、院長である山下医師からひとつだけ尋ねられたことがありました。

「玉置さんにとって〝仏教〟ってなんですか?」

私は、「私がスピリチュアルケアギバーであろうとするための背骨です。」とお答えしました。

私はしばしば日本語の使い方を誤り「スピリチュアルケアをする」などと言ってしまうことがありますが、これは大きな間違いです。スピリチュアルケアは「する」ものではなく、「なる」ものだと考えているからです。

たとえば、30分、Eさんの話をお聴きしたとしましょう。話し終わって、その30分を振り返ったEさんが、「あなたに聴いてもらって気持ちが楽になった」と感じてくださったとしたら、そのとき、はじめて、その過ぎ去った30分という時間が「スピリチュアルケアだった」と「なる」のです。スピリチュアルケアというのは、30分という時間の質量を振り返って、後付けで「なる」ものです。私が「スピリチュアルケアをするぞ〜！」などと鼻息を荒くしたところで、成立するものではないのです。

　流れていく時間の質量を決める要素は、3つあります。1つは、相手の人の持つ力。2つは、場の持つ力。そして、自分の持つ力です。（図3－1）この3つの力が、糾う糸のようにからまって、過ごした時間の質量をつくりあげてゆきます。質量が高ければ高いほど、スピリチュアルケアが成立する確率も高くなります。私にできるのは、スピリチュアルケアをすることではなく、スピリチュアルケアが成立する確率を高めること、だけなのです。

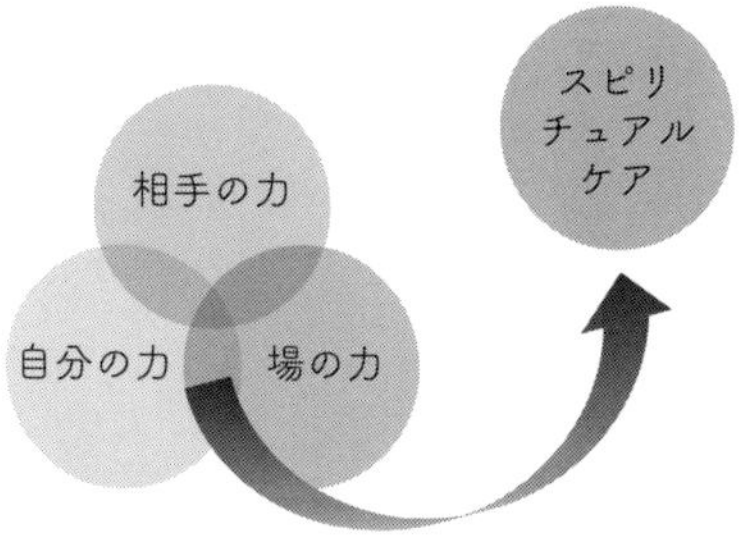

図3－1　スピリチュアルケアとは
出所）筆者作成。

　スピリチュアルケアが成立する確率を高めるためには、3つの力をそれぞれ高める必要があります。しかし、「相手の力」と「場の力」は、私にはどうすることもできません。私がどうこうできるのは、「自分の力」だけです。

　では、できる限り「自分の力」を高めるにはどうしたらよいか。ここで出てくるのが、私の場合「仏教の教え」なのです。看護師としての知識、技術、経験値ももちろん「自分の力」です。スピリチュアルケアに関するこれまでの学びも、実践も、そして、会話のスキルや面談のテクニックなどもすべて、「自分の力」に入るでしょう。しかし、それらはすべて、部品にすぎないような気がしてなりません。その部品を組み立てて、1つの在り様を創造することができなければ、いくら優秀な部品を持っていたとしても役に立たないのではないかと思うのです。あらゆる部品を装着して、そこに〝在る〟ための背骨。それが、私にとっては、仏教の教えです。己の在り様を考えるときの指標であり、行く道を指し示してくれる灯明なのです。

つまり、あくまでも仏教は私のために必要なものであって、『GEDATSU』に参加する患者のために必要なものではありません。ですから、私が『GEDATSU』のプログラムの中で、仏教を布教することは決してありません。今後、医療と宗教が協働しようとするとき、ここの線引きが極めて重要だと感じています。

コロナ禍で世の中が大きく変わったのを感じつつ、このまま日本は2040年に来る超高齢多死時代へと突入していきます。決して明るい見通しばかりではないからこそ、これからは生きるためのスピリチュアルケアもその重みを増すのではないでしょうか。もちろん、看取りの場面では言わずもがなです。生きるにしろ、死ぬにしろ、仏教の智慧によって1人でも多くの人が楽になることを願ってやみません。

参考文献

玉置妙憂：死にゆく人の心に寄りそう、光文社新書、２０１９
橋本直子：精神保健福祉におけるスピリチュアルティへのアプローチ、Human Welfare 第６巻第１号、２０１４

第4章

スピリチュアルケアとその専門職の養成

東北大学教授
谷山洋三

① スピリチュアルケアとその専門職

日本では1970年代のホスピス運動に伴って、がん末期患者のトータルペインの1つとしてスピリチュアルペインが数えられ、その対応としてスピリチュアルケアの必要性が求められた。神谷（2000）が示したように、1990年代前半までは宗教者にスピリチュアルケアの役割が求められたが、宗教的背景のない緩和ケア病棟の増加により、1990年代半ばには看護師の発言力が増していった。またその概念においても、宗教的な含意が薄れていった。そのため、スピリチュアルケアと宗教的ケアの混同から、その相違が意識されはじめていく。

現在でも、両ケアを区別する理論（窪寺、キッペス、谷山）と、区別しない理論（大下、藤腹、柴田・深谷）に分かれるのだが、本章においては区別する理論に基づき、スピリチュアルケアとその専門職養成について考察する。

本章ではスピリチュアルケアを「自分の支えとなるものを再確認・再発見することで、生きる力を取り戻す援助もしくはセルフケア」と定義し、宗教的ケアを「宗教的が伴うスピリチュアルケア」として区別する（谷山 2016）。また、スピリチュアルケアは双方向的な援助になることが理想的であるが、臨床における立ち位置の違いを分かりやすく区別するために、本章では、援助をする専門職などを「ケア提供者」とし、ケアを必要とする患者などを「ケア対象者」として表現する。

公共空間で宗教的ケアと区別せずにスピリチュアルケアを担う専門職としては、古くは南北朝時代の「陣僧」（今井 1984、吉田 1995）、江戸末期のオランダ領事館に勤務した「チャプレン」（木村 1970）や明治期以降のキリスト教系の学校や医療福祉施設の「チャプレン」（平沢 1994、平沢 1997）、明治期から刑務所で活動する「教誨師」（近藤 2011、金澤・真名子 2013）、第2次世界大戦まで日本軍に従事した「従軍僧」（安中 1996、佐藤 2008）、1992年に開設された日本初の仏教系緩和ケア病棟の「ビハーラ僧」（田宮 2006）などが挙げられる。しかし、両ケアを区別する専門職が生まれたのは2010年代になってからで、「スピリチュアルケア師[1]」「臨床仏教師[2]」「臨床宗教師[3]」が誕生している。

（1）日本スピリチュアルケア学会による資格。2012年から資格制度開始。
（2）全国青少年教化協議会付属臨床仏教研究所による資格。2013年から養成開始。
（3）日本臨床宗教師会による資格。2012年から養成開始、2017年から資格制度開始。

筆者は、ビハーラ僧としての3年間の奉職後、臨床スピリチュアルケア協会[4]や上智大学グリーフケア研究所[5]でビハーラ僧やスピリチュアルケア師の養成に関わり、2012年、東北大学に実践宗教学寄附講座が設立されて以降、臨床宗教師やスピリチュアルケア師の養成を担当している。筆者が学んだ教育プログラムは、北米で生まれたチャプレン養成のスタンダードである臨床牧会教育に準じたものである。本章ではスピリチュアルケアの専門職養成について、これまでの筆者の経験（東北大学でのプログラムを中心に）を事例として、特に自己覚知の重要性に焦点を当てて考察する。

② 臨床牧会教育

臨床牧会教育（Clinical Pastoral Education、以下「CPE」）はその名のとおり、キリスト教を背景としており、1920年代にアントン・ボイセン（Boisen, Anton T. 1876–1965）らによって米国で開発されたチャプレンのための教育プログラムである。パストラルケアは教会のみならず、軍隊や刑務所、学校などでも実践されてきた歴史がある。

日本に導入されたのは1960年代からで、90年代まではキリスト者によるキリスト者のためのプログラムだった（西垣 2006）。2006年に臨床スピリチュアルケア協会が研修会を始めたときから仏教者や無宗教者も受け入れるようになり、宗教的背景を問わないプログラムとして国内に広がった。[6]

とはいえ、まったくの複製ではなく、その教育対象や教育機関の特徴などの影響を受けて、少しずつ変化している。筆者としては、CPEの日本版を模索してきたつもりである。

CPEの特徴は、まずOJT（On the Job Training）すなわち、実習と実習振り返りを並行して行う実践重視にある。グループワークや個人面談などを通して、ノウハウを学ぶことよりも受講者自身の自己覚知を促し、自己受容を目指す点で、ややサイコセラピー的雰囲気がある。会話記録検討会というグループワークでは、実習で〝どのような言動を行ったか〟、よりも、会話の中で受講者（実習者）自身が〝何を感じたのか〟が重視される。さらに、グループワークの中でも、〝いま、ここで感じていること〟を言語化することが求められる。打本は臨床スピリチュアルケア協会の研修会の特徴を以下のようにまとめている。

（4）キリスト者の窪寺俊之・伊藤高章と、仏教者の鍋島直樹・谷山洋三が協力して2005年に設立した、スピリチュアルケア専門職養成を目的とした任意団体。

（5）2009年の開設時は「聖トマス大学日本グリーフケア研究所」で、翌年に上智大学に移管されて現在の名称になった。

（6）臨床スピリチュアルケア協会のプログラムの影響を受けた教育機関としては、上智大学グリーフケア研究所、東北大学実践宗教学寄附講座、龍谷大学大学院実践真宗学研究科、武蔵野大学臨床宗教師・臨床傾聴士養成講座、種智院大学臨床密教センター、愛知学院大学大学院文学研究科、大正大学大学院仏教学研究科、高知がん患者支援推進協議会、スピリチュアルケア研究会ちば、などがある。プログラム内容について、窪寺・伊藤・谷山（2010）に詳しく紹介されている。

生育歴や会話記録等のグループセッションにおいて、グループのダイナミズムの中で、メンバーを相手にスピリチュアルケアを行い、〈自らがメンバーからスピリチュアルケアを受ける体験〉を通してスピリチュアルケア専門職が養成される、という点にある。参加者の研修課題は、(1)自分自身を他者との関係性の中に開示する。(2)ピアからのスピリチュアルケアを受ける。(3)自己開示をする参加者にスピリチュアルケアを提供するという3つがある。(打本 2013：17)

「生育歴や会話記録等のグループセッション」(グループワーク)ではスーパーヴァイザー2名と「メンバー、参加者」(受講者)6名前後が参加する。この約8名が互いにスピリチュアルケアを行う、ということである。打本は「自己開示」をその特徴として述べているが、自己開示は教育上の目的というよりは手段であり、自己開示と相前後して体験される「自己覚知」[7]のほうが学習目標として設定しやすい。また、自己覚知と「自己受容」も深い関係にある。自己覚知できたことは、ある程度自己受容できている、もしくは自己受容のプロセスが始まっていると言える。米国のCPEプログラムでスーパーヴァイザー・イン・レジデンスとしての経験をもつ伊藤は「研修生自身の自己受容・自己肯定のプロセスが援助対象者へのケアの源となる」(伊藤 2004：96)と述べている。

③ 臨床宗教師の養成

２０１２年に東北大学で臨床宗教師の養成を始めるに当たり、それまで経験してきた「日本版ＣＰＥ」をより進化もしくは変化させることになった。結果的には10年以上継続しているが、当初は期間限定のプロジェクトであるため、「短期間で多くの臨床宗教師を輩出する」という目標設定がなされた。約３ヶ月間でスクーリングと実習を行うプログラム（実習30時間、実習指導（演習）20時間、講義20時間）である。限られたスーパーヴァイザーがより多くの受講者を指導することが求められ、また、受講者の負担軽減のためにも、以前に比べてソフトなプログラムを構想した。

特に、「ほぼ初対面の受講者やスーパーヴァイザーを前にして生育歴を開示する」という従来の方法には大きな心理的負担がかかるため、この３ヶ月プログラムでは生育歴セッションを行わないことにした。とはいえ全く生育歴に触れないということではなく、受講前に記述してもらうことにして、

（7）大津（2011：112）によると、「自己覚知」は self-awareness の訳語として、バイステックの『ケースワークの原則』の邦訳をきっかけとして社会福祉分野でよく使用されるようになったという。本章では、社会福祉分野での語用を尊重しつつ、それに囚われずに用いる。

会話記録検討会で気づいたことがあれば、各自の「宿題」というかたちで自己課題と生育歴を照らし合わせてもらうことにした。2018年にプログラムの大幅な改編を行い、2年間のプログラム（実習120時間、実習指導などグループワーク70時間、講義140時間）にバージョンアップし、スピリチュアルケア師の資格も取得できるようにした。やはりグループセッションでは生育歴に積極的には触れないまでも、スーパーヴァイザーとの個人面談においては時間の許す限りであるが生育歴を振り返り、生育歴に関わる自己課題を明確化できるように関わっている。

研修の冒頭では、「多様な価値観を認めること」と「自分自身見つめること」という2つの目標を提示している（谷山 2016：168–172）。スピリチュアルケアを必要としているケア対象者は、苦悩している分だけ感覚も鋭くなっているので、小手先のスキルを見破ってしまう。それよりもケア提供者に求められるのは、その場に腰を落ち着けて寄り添うこと、ケア対象者の思いを受け止めることである。そのためには、これらをスキルとして身につけるのではなく、メタスキルないしは心構えとして習得することを目指している。

④ 自己覚知と自己受容

「多様な価値観を認めること」も「自分自身見つめること」も自己覚知を表現していると同時に、

自己受容と関係する。

ここで、異なる価値観（信仰や信念など）を認めることとは、自らその価値観に没入することではなく、自分の価値観とは異なる価値観を有している人がいることを受容する、という意味である。このとき、自分自身の価値観にも触れざるを得ないし、異なる価値観を認めたくない自分を発見するかもしれない。その場合、〝異なる価値観を認めない自分〟を受容するかもしれないし、〝異なる価値観を認めようとして苦悩し続ける自分〟を受容するかもしれない。

このように「多様な価値観を認めること」もまた、「自分自身見つめること」に含まれる。ここで見つめるべき自分自身とは、対人関係における自分の信仰・価値観・癖・性格・傾向などである。例えば、自分の父親と折り合いが悪いと、父親を想像させるような人物に出会うと、他の人と出会うときよりも緊張したり、関わりが消極的になることがある。このような傾向を知っていれば、良いケアはできないまでも、「これは自分自身の課題なんだ」という自覚のもとに、ケア対象者に迷惑をかけないような対応を心がけることになる。

研修において各受講者に自己受容を促すことになるが、自己受容を自己目的化させることは、受容できない自分との葛藤を生じさせるなどの余計な重荷になる可能性がある。また、完璧な自己受容を目指すあまり、自己覚知から自己受容への自然なプロセスを阻害する可能性もある。そのため研修主催者としては、自己受容という言葉は積極的には使用せず、自己覚知ないしは「自分自身見つめること」「まずは自分を知っていることが大事」といった平易な言葉で説明している。

⑤ 自己学習における自己覚知

現在の東北大学のプログラムは、臨床宗教教養講座（講義130時間、ロールプレイなどグループワーク30時間）と臨床宗教実践講座（講義10時間、実習120時間、会話記録検討会などグループワーク40時間）の2段階で構成されている。

1年目の教養講座では、宗教学、宗教心理学、実践宗教学、死生学、応用死生学などの科目があり、すべてオンラインの通信教育でオンデマンド授業を履修する。講義は直接的に自己の内面を掘り下げる訳ではないが、死生観、宗教観、価値観、ケアに臨む姿勢などを学ぶことで、結果的には受講者それぞれが自分自身を様々な側面から捉え直す機会になっている。講義とは別に、1泊2日のスクーリングで死生観ワークショップ、傾聴ワークショップを行っている。ここでは、ロールプレイなど様々なワークを体験することで、受講者それぞれの死生観、宗教観、価値観、ケアに臨む姿勢などを直接的に刺激する機会となっている。

教養講座を修了することは実践講座受講の必要条件だが、十分条件ではない。事前に、小論文、志望動機書、活動計画書、生育歴、価値観形成歴、会話記録などを提出し、面接を経て選考される。ここでも、生育歴、価値観形成歴などを通して自己覚知が求められる。

2年目の実践講座では、実習と、会話記録検討会などによる振り返りが主たる学びの機会となり、ケアのスキルを習得するというよりは、自己覚知を重ねることによってケア提供者としての自己を確立していくプロセスを経験する。1泊2日の合宿型スクーリングでは、毎回最後に研修振り返りの時間を持つ。会話記録検討会や個人面談を通して、自己課題がいくつも見つかっている中で、特に重要だと思うことを自己課題として言語化し、他の受講者と共有する。

会話記録検討会は、4名前後の受講者と1〜2名のスーパーヴァイザーで構成され、5つほどのグループに分かれる。会話記録検討会のグループメンバー内では、より近い関係性の中で自己開示と相互のケアがなされ、グループ・ダイナミズムにより自己覚知ないし自己受容が促されていく。グループを担当するスーパーヴァイザーと受講者の間で行われる個人面談の内容は、受講者が開示しない限りは共有されないが、受講者自身の内面においては具体的な課題が意識されている。会話記録検討会では、会話記録の内容そのものに踏み込んで、スキルやノウハウの検討をすることに多くの時間を割くことはない。これも、CPEの特徴である。むしろ、会話のやりとりの中で「なぜそのような反応になったのか」に注目し、グループメンバー同士の「いまここで」の感情のやりとりを通して、受講者自身がケアされたり、自己覚知や自己受容が促されていく。

提出される会話記録の様式にも工夫がなされている。会話記録は、本文①ケア対象者についての簡単な情報、本文②会話が始まる前段、本文③特に気になった会話のやりとりを10分程度切り取ってまとめた逐語録、後段①所感、後段②このケースに見られる宗教的／スピリチュアルな文脈（客観的に）、後段③なぜ自分はこのように対応したのか、その原因を自分の内面（信仰・価値観・クセ・性格・傾向）に求めて考える、を、A4サイズ2ページ以内にまとめる。本文③を記載する時には、ケア対象者の様子を丸括弧内に記入するだけでなく、ケア提供者（受講者＝実習生）自身の感情の動きを角括弧内に記入する。このような描写は、会話記録検討会において感情のやりとりをするための刺激となる。後段①は素直な感想だが、これをまとめるためには再度本文を読み直す必要がある。後段②の「宗教的／スピリチュアル」に定義は自由であり、これをまとめるためにも再度本文や後段①を読み直す必要がある。後段③は、いわば受講者のアイデンティティを記載することになるのだが、さらに本文や後段①②を読み直すことになる（会話記録の様式の例は日本スピリチュアル学会のHPにも掲載されている https://jscc.lovepop.jp/wp-content/uploads/2022/01/case-study-report-guide20220101.pdf）。

このように、会話記録を提出する前においても、自己覚知を促す工夫がなされている。

⑥ 感情の言語化から自己受容へ

この研修においては、自分の感情を言語化することが求められる。

会話記録検討会においても、グループメンバー同士の感情のやりとりをすることになる。例えば、Pさんが Qさんに対して「このケースを聞いて、私は寂しい感じがした」と伝えた時、Qさんは「はい、そうですか」という対応をするのではなく、「寂しいと言ってくれて、嬉しいです」といった対応がなされることがある。通常の会話では不自然かもしれないが、Qさん自身も寂しいという印象を持っていて、他のグループメンバーがそこに触れることがなく、Pさんだけがそのことに気づいてくれたのだとしたら、Qさんが「嬉しい」と感じることはあり得るだろう。

このような感情のやりとりを惹起するために、会話記録の本文③でも角括弧内に受講者（＝実習生）の感情の動きを記載することになっている。実際の事例を再現することはできなくても、その時に生じていたであろう目に見えないダイナミズムを、少しでも表現しようという試みである。

本文③の内容は正確でなくても構わない。もし、スキルを学ぶのであれば、ICレコーダーなどを用いて正確な逐語録を作成することになるだろう。ある場面で生じたことへの対応として、再度別の場面で実践することを想定しているからである。しかし、スピリチュアルケアの臨床においては、同じケア対象者に出会ったとしても、同じ場面が再生されることはあり得ない。全く同じ言葉が同じケア対象者から発せられたとしても、その文脈も、言葉に乗った感情も、言葉に込められた意図も、異なるからである。スピリチュアルケアのスキルがあるとすれば、ケア対象者の言葉を丁寧に聞き、そこに現れる感情や雰囲気、文脈などをまとめて受け止める、ということになるだろう。それができるようになるためには、傾聴のスキルを磨くこと以上に、ケア対象者という他者の存在を受け止められる自分になる必要がある。存在を受け止める、ということは、実に重い営みである。

その訓練ができるとすれば、自分自身を受け止めることから始めることになる。普通に生活していれば気にとめることがないようなことであっても、あえて自分の人生を振り返ってみると、さまざまな躓き、失敗、痛みなどに気づく。普段から、そのような痛みと共に生きている人もいる。はたして、自分の痛みを受け止めることができない人が、他者の痛みを受け止めることができるだろうか？　礼儀という観点からしても、ケア対象者となる患者などの苦悩を聞く前に、まずは自分の苦悩を知り、受け止める作業が必要ではないだろうか。

では、どのようにして、自分の痛みを見つめることができるのだろうか？

1つは生育歴である。自分の人生を振り返ると、印象に残っていることは楽しかったこと、嬉しかったことだけでなく、さまざまな躓き、失敗、痛みなどであろう。すべてを思い出すことはできないし、無理にパンドラの箱を明ける必要はないが、人間関係において味わった感情を伴った経験を見つけることで、現在の自己の人間関係上の課題のルーツを知ることになる。

そして、会話記録を書き、会話記録検討会で感情を言語化し、感情のやりとりをすることで、自分でも意識してこなかったような課題に気づくことがある。ジョハリの窓を例にすれば、グループメンバーとの関わりによって「盲点の窓」や「未知の窓」を開けるきっかけとなる。「秘密の窓」の存在に気づいたり、気づきながら「開放の窓」にするかどうか逡巡することも、大切な学びとなる。

このように、自分の感情（の変化や生起）に気づき、その感情を言語化し、グループメンバーと共有したり相互のやりとりを通して、気づいていなかったり忘れていた経験を再発見し、それと今の自己課題との関係に納得できれば、自己受容に至る。臨床で出会うケア対象者も、同じプロセスを経ることがあると分かれば、前述した伊藤（2004：96）や打本（2013：17）の意味が体験的に理解できるだろう。

⑦ 事例から見る自己覚知のプロセス

ここまで述べてきたことを体験していれば、イメージしやすいのだと思うが、体験していない読者にとっては実に分かりにくい内容だったと思う。そこでここからは、事例を通してスピリチュアルケア専門職の学びを紹介しよう。ただし、実例を提示することができないので、これまでの筆者の経験を反映した架空の事例とする。

会話記録検討会での場面は、受講者3名（A、B、C、いずれも僧侶）とスーパーヴァイザー1名（S）、個人面談の場面は、受講者1名（A）とスーパーヴァイザー1名（S）の設定にする。グループメンバーの様子を丸括弧内に、それぞれの感情の動きを角括弧内に記載する。

（1）会話記録検討会

【事例1】

（別の話題が終わった後）

S1　ところで、「何か教えてあげたくなる」と（会話記録の後段③に）書いてありますね。これはAさんの課題ということですか？

A1　［大事だけど、困ったなぁ］そうですね。傾聴が大事だってことは分かっているんですが、心の中では「これは言ってあげたほうがいいんじゃないか」って思ってしまいます。

S2　分かっているけど、そう思ってしまうんですね。

A2　そうなんです。（肩を狭める）

B1　分かりますよ。私もそう思う時があります。

A2　そうですか？

B2　（微笑みながら）ケア対象者さんに、自分で考えてもらうよりも、手っ取り早いでしょ。言ってあげたほうが。でもね、それって自己満足だなぁって。

A3　（怪訝な顔で）自己満足……そう言われると、胸が痛いです。

B3　私も、自己満足じゃないか、って気づいた時に苦しかったですよ。今まで、自己満足のために他人を利用してきたんじゃないかって。

A4 うわぁ。［苦しい］

B4 （Aの反応を見て、慌てて）あ〜、ごめんね。責めてるつもりはないんだよ。これは自分の反省。

A5 （一息ついて）それは分かってます。でも、私も苦しい。穴があったら入りたい。

B5 そうだよね。分かるよ。今でも、恥ずかしくて。（うつむく）

A6 でも、Bさんにそう言ってもらえると、少し楽になります。

S3 （Cの変化に気づく）Cさんも、何か言いたそうだけど。

C1 ［しまった］いやぁ、私もそんなこと、自分で気づいていなかったけど、いま、お二人の話を聞いていて、だんだん恥ずかしくなってきて。（背を丸める）

A7 （微笑む）そう言ってもらえると、嬉しいです。悩める仲間が増えたみたいで。

B6 （前のめりになり）そうそう。仲間だよ。

C2 宗門人の立場としては、大切なことをちゃんと伝えるべきだという義務感がありますよね。でもその義務感って、相手の人にとってはうるさいだけかもしれないし、結局は相手よりも自分の都合を優先しているんではないかと。

（AもBもうなずく）

S4　僧侶としてケアするのか、臨床宗教師としてケアするのか、という違いも意識してほしいですね。ところで、（3人の顔を見回しながら）スピリチュアルケアって、傾聴が大事だって言われるけど、でも、こっち（＝ケア提供者）から何か言わなきゃならない場面もありますよね。そんなときに、心の中に浮かんだ言葉が「誰のためかな」って確認するんです。100％相手のためとか、100％自分のためってことはないけど、どちらかと言えば相手のためかなと思えたら伝えるし、自分のためだと思ったら引っ込める。実は、この場でも同じことなんですよ。今のセッションはAさんのための時間だから、Aさんのためになる言葉は遠慮しないで伝えてほしいし、（Aを見て）実際そうなってますよね。

A8　そうですね。ありがたいです。（B、Cを見て、頭を下げる）

【解説1】

Aが自己課題としている「何か教えてあげたくなる」という傾向は、同じく僧侶であるBとCにも共通していた。お互いの立場は理解でき、同様の経験をしてきたので、共感しやすかった。B3～A6の対応は、お互いの自己反省をしているのだが、捉え方次第では他者への批判として受け止められるおそれがあり、その点もお互いに配慮し合うことができた。SはAとBの対話に入り込むタイミングを計っているCに発言を促して、3人の共感を共有することができた。

このように、スーパーヴァイザーから見て自明で、言葉で説明した方が手っ取り早いと思えるような場面であったとしても、あえて少し後ろに下がって、グループメンバー個人の内省やメンバー同士の関わり合いを尊重した。スーパーヴァイザーという立場からメンバーに伝えると、そのつもりはなくとも上意下達のような受け止めになりがちである。それよりも、自分自身で感じ取ることや、メンバー同士で共感することの方が、受け入れやすく、定着しやすい。

S4では、僧侶の立場と臨床宗教師の立場の違いを意識することで心構えを切り替えることと、「傾聴なのだからケア提供者は何も提示しない」という誤解に陥らないように、「伝えるべき場面はあるので、誰のためなのかを判断材料にする」という説明を加えた。ただし、相手のためだとしても、上から目線の態度や、相手を評価したり、押しつけたりすると相手は受け取りにくくなる。この事例の中で行われたような、感情のやりとりをしながら浮かんで来るような言葉であれば、相手に伝わりやすく、重荷になりにくい。

(2) 個人面談

【事例2】

S1　先月の会話記録検討会で、「何か教えてあげたくなる」っていう課題を出していましたよね。それは今どんな感じですか？

A1　［それ、伝えたかった］そうなんですよ。なんだか考え方が変わったというか。僧侶としても檀家さんとの関わり方が変わったような感じです。

S2　［面白そう］どう変わったんですか？

A2　（目を輝かせて）うちのお寺は、けっこう行事が多い方だと思うんですが、準備の合間なんかに熱心な檀家さんから質問を受けることがあるんですよ。生き方とか、仏教の考え方とか。

S3　［有難い檀家さんだなぁ］はい。

A3　いつもは、質問を受けて、頭で考えて、その場ですぐ答えを出すようにしていたんです。思いつかない時は、部屋に戻って調べたりしていたんですが。この間は、時間もあったので、「そのことが気になったのは何か理由があるんですか？」って訊いてみたんです。そしたら、急に身の上話が始まって。びっくりしました。

S4　［すごい展開だ、その結果が気になる］それで、どうなりました？

A4　結局、質問には答えていないんですが、いつもよりも嬉しそうな顔をされていました。私も、なんだか心がつながったような感じで。傾聴って大事なんだって、実感しました。

S5　（目を丸くして）へぇ～。いい経験でしたね。

S6　ところで、今の課題は？
A5　「心を落ち着かせて対応する」ってことですかね。
S7　（?）落ち着かないようには見えないんですが……
A6　（少し沈黙）あの、いつもっていうことではなくて。急に声をかけられたり、自分が想像していない場面に出会うと、驚いて、落ち着かなくなるんです。
S8　（?）それって、誰でもそうなのでは？
A7　［どう言えばいいんだろう］落ち着かない時間が長い、というか。ずっとソワソワしちゃうんです。
S9　なるほど。
（数十秒の沈黙）
S10　さっきの、檀家さんの身の上話の時も、ずっとソワソワしてたんですか？
A8　（思い出す）いや、傾聴しているときはソワソワしなかったですね。質問を受けた時の方がソワソワしてました。
S11　（どういうことかな？　試してみよう）今は、ソワソワしてますか？
A9　（?）えっ、いや、一瞬びっくりしました。けど、落ち着いた感じです。
S12　じゃあ、対機説法ってどういう意味ですか？

A10 (?.?.)はっ？　あの、ええっと、「〜（やや長い説明）〜」ということですよね。

S13 対機説法の説明中は、どんな感じでしたか？

A11 (?.)あっ、う〜ん、落ち着かなかったです。

S14 どうして？

A12 (考える)なんか、これで正しいのかどうか、心配になるんですよね。

S15 (!)なるほど。正しいかどうか心配、と。

A13 (!)あ、そうか。間違ったらどうしよう、って思っちゃうんですね。

S16 そうみたいですね。知識が問われると、間違ったらどうしよう、と。

A14 はい。

S17 どうしてそうなるか、原因って思い当たりますか？

A15 (考える)多分、大学の時のゼミですね。

S18 ゼミ？

A16 先生が厳しかったんですよ。先輩も。「お説教で、間違った知識を伝える訳にはいかない」って。間違ったことを言うと、グサグサ言われるんです。

S19 怖そう。

A17 すごい緊張感のあるゼミでした。嫌いじゃなかったけど、厳しかったです。

S20 嫌いではないんだ。

A18 勉強になったので。先生の言うことも納得できるし、信仰も深まったので。

S21 ほう。

A19 （!）そうか、あの時の緊張感と似ているかも。

S22 ソワソワが？

A20 はい。

S23 なるほど。質問してくる檀家さんは、ゼミの先生ですか。

A21 （!）あぁ、そうか、そんな訳ないのに。重なってたんですかね。

S24 状況が似ている？　雰囲気が似ている？

A22 確かに、いつも急に振ってくるから。檀家さんも先生も。答えを待っている時の雰囲気も。

S25 雰囲気も？

A23 なんとも言えない感じで、待ってるんですよ、目が。

S26 目が？

A24 ［懐かしい］でも、優しい目なんだよなぁ。厳しいと思っていたのは、間違ったらいけない、ってプレッシャーをかけた自分と先輩たちで、先生の目は優しかったなぁ、って。そうか、自分でプレッシャーかけてただけかも。

S27 ほう。

A25 （手を組んで何度もうなずく）先生も檀家さんも、別に私を評価しようとしてないのに、自分で自分を評価しているだけですね。

S28 そのようですね。（微笑み）では、時間なので終わりますが、この時間はAさんにとってどんな時間でしたか？

A26 スッキリしました。［すがすがしい］いい時間でした。いろんなことを思い出して、いろんなことがつながっていて、楽しかったです。

S29 はい。ありがとうございました。

A27 ありがとうございました。

【解説2】

「何か教えてあげたくなる」「心を落ち着かせて対応する」という2つの自己課題がテーマになった。

1つ目の課題は、前月の会話記録検討会で提示されたことで、すでに終わったことの確認だったが、2つ目の課題に関連していた。

「急に質問されたときにソワソワしてしまう」という課題は、感情のやりとりをする場面ではなく、知的な対応が求められた時に生じるということが、S10～S16で、ややトリッキーな対応を経て確認された。スーパーヴァイザーとしては、Aから与えられた情報量が少ないために試したことが、たまたま奏効したと言えよう。

S17では、その原因をAに考えるよう促した。現在の人間関係上の傾向は、過去の体験を原因としていることが多く、原因を探るために事前に生育歴を確認することが役に立つ。S23〜S26でSは、Aが厳しかったゼミの先生を檀家さんに投影しているのではないか、と確認した。その後A24〜A25では、その投影はゼミの先生に起因するものではなく、実は自分で自分にかけたプレッシャーや、先輩たちから感じたプレッシャーが正体であることに、Aは自分で気づいた。このように受講者自身で気づくことが理想的だが、スーパーヴァイザーが積極的に介入することもある。

このように、個人面談では、会話記録検討会では時間的にも、また心理的にもグループでは探求しにくいテーマについて語り、自己課題を明確化し、時にはその原因を探ることによって、自己覚知を深め、自己受容に至るようスーパーヴァイザーが援助する。自己覚知ないし自己受容することによって、受講者のケアのスタイルがA1〜A4のように変化するだけでなく、そこに至るプロセスを経験することによって受講者の洞察力を高めることもある。いわば、自己の内面に向けるアンテナを磨くことにより、同じアンテナを他者の内面にも向けたときに、他者の内面も察知しやすくなる、というだ。

おわりに

宗教者は完璧な人間だろうか？　実のところは否と言うべきだろう。しかし宗教者は、仏陀のような完璧な人間を目指したり、神やその代理人のような高みを目指す者である。素朴な期待だけでなく、そうであって欲しいと思う。自戒を込めて。

もし至高の宗教者がいたならば、その方は、公共空間でのスピリチュアルケアを学ぶ必要はないし、布教活動を通して少しでも多くの人々を救い、導いて欲しい。人間としての自己実現や自己超越を達成し、すべての徳目を身につけているはずなので、周囲からの尊崇を受けつつも、ご本人はとても謙虚な方なのだと想像する。

他方、何かを学びたいという方は、自分の不足を知っているはずだ。そして学びには謙虚さが不可欠である。また、スピリチュアルケアの学びにはゴールはなく、一生学び続ける必要がある。よって、スピリチュアルケアを学ぶ者には、スーパーヴァイザーも含めて、謙虚さが必須なのである。

自己覚知は、自分1人でもできないこともないが、他者を通して見つめることで、自分1人では気づかないことを発見することができる。自分自身を見つめる作業は、決して楽ではない。思い出したくない出来事や、自分自身の疚しい側面にも触れてしまうからだ。しかしそのようなネガティブな面を知ることで、今の自分の人間関係上の傾向の原因を知り、それが変化することもある。と同時に、内省を通して洞察力も養われてくるので、結果的には他者を知ることにも役立つ。

ここでは、研修の一部を例示することで、スピリチュアルケアの学びのうち、おそらく根幹に位置する自己覚知ないし自己受容について考察した。言葉で表現することが容易ではないので、架空とはいえ事例を用いることで、少し説明がしやすくなったと思う。それでも、表現しきれていないこと、説明が不十分なところもあると思うので、これは今後の課題とさせていただきたい。

参考文献

安中尚史「近代日蓮教団における従軍僧の活動について」『印度学仏教学研究』44巻2号、1996年、743～747頁。

伊藤高章「米国臨床牧会教育スーパービジョンの焦点」日本ホスピス・在宅ケア研究会スピリチュアルケア部会編『テキストスピリチュアルケア第2集　スピリチュアルケアの理解を深める』日本ホスピス・在宅ケア研究会、2004年、94～99頁。

今井雅晴「中世における陣僧の系譜」『人文学科論集』17号、1984年、37～74頁。

打本弘祐「博士学位申請論文　スピリチュアルケアの言語論的展開」桃山学院大学大学院社会学研究科、2013年（桃山学院大学学術機関リポジトリ　https://stars.repo.nii.ac.jp/?action=pages_view_main&active_action=repository_view_main_item_detail&item_id=38&item_no=1&page_id=13&block_id=67（2021年10月30日最終閲覧）。

大津雅之「適切な自己覚知を考える（2）――福祉分野における「自己覚知」の歴史的変遷――」『花園大学社会福祉学部研究紀要』19号、2011年、107～126頁。

金澤豊・真名子晃征「第3章　教誨師と更生活動」葛西賢太・板井正斉編著『叢書　宗教とソーシャル・キャピタル三　ケアとしての宗教』明石書店、2013年、42～73頁。

木村信一「我が国最初のプロテスタント教会について」『桃山学院大学キリスト教論集』6号、1970年、59～74頁。

窪寺俊之・伊藤高章・谷山洋三編著『スピリチュアルケアを語る　第三集　臨床的教育法の試み』関西学院大学出版会、2010年。

近藤哲誠「第Ⅱ部〔3〕宗教教誨の変遷といま」赤池一将・石塚伸一編著『龍谷大学社会科学研究所叢書第91巻　矯正施設における宗教意識・活動に関する研究――その現在と歴史――』日本評論社、2011年、97～111頁。

佐藤正導『日中戦争――ある若き従軍僧の手記――』文藝春秋、2018年。

谷山洋三『医療者と宗教者のためのスピリチュアルケア　臨床宗教師の視点から』中外医学社、2016年。

田宮仁『淑徳大学総合福祉学部研究叢書二五「ビハーラ」の提唱と展開』学文社、2016年。

西垣二一「第2章　日本における臨床牧会教育の初期の記録――第1回から第5回まで――」窪寺俊之・伊藤高章・谷山洋三編著『スピリチュアルケアを語る　第3集　臨床的教育法の試み』関西学院大学出版会、2010年。

平沢信康「近代日本のキリスト教（2）――幕末・明治初期における宣教師の渡米と教育活動――」『鹿屋体育大学学術研究紀要』11号、1994年、165～176頁。

平沢信康「近代日本のキリスト教（7）――一八八〇年代におけるキリスト教徒の教育活動〈2〉――大学設立構想」『鹿屋体育大学学術研究紀要』18号、1997年、81～97頁。

吉田政博「戦国期における陣僧と陣僧役」『戦国史研究』30号、1995年、1～11頁。

第5章

マインドフルネスからコンパッションへ
――ブッダの観察戦略と間主観性への展開――

マインドフルライフ研究所
オフィス・らくだ主宰
井上ウィマラ

はじめに

本章では、仏教史におけるマインドフルネスの背景を確認したうえで「出息入息念（ānāpāna-sati）」や『念処経（Satipaṭṭhāna-sutta）』を概観しながら実践内容を確認する。さらに『律蔵』の記述を手掛かりとして出家修行者たちが看取りを含めた相互ケアをマインドフルネスの臨床的実践の場としていたことからの学びを紹介する。次に『慈しみ経（Mettā-sutta）』が説かれた背景と、『清浄道論（Visuddhi-magga）』に記された四無量心の近い敵と遠い敵という分析を手掛かりとして、中道をアンビバレンスの統合という視点から解釈することによって、マインドフルネス実践の帰結としての思いやり（四無量心）の可能性について検討してみたい。

① マインドフルネスについて

マインドフルネスという瞑想法が医療や心理療法を中心に現代社会のメインストリームで実践されるようになった画期点は、1979年にカバットジン（Kabat-Zinn, J. 1944-）がマサチューセッツ大学医学部で「マインドフルネスに基づいたストレス低減法（MBSR）」を創始したことであった。慢性疼痛や不定愁訴を持つ患者を対象に始められたプログラムであったが、開始前と終了後の質問紙を充実させて統計解析によるエビデンスを積み重ねたことによって次第に多くの領域に応用されるようになっていった。

MBSRに基づいて開発されたマインドフルネス認知療法（MBCT）がうつ病の再発予防に投薬と同等かそれ以上の効果のあることが検証されたことがブームに火をつけ、第三世代の認知行動療法の中核的な技法として取り入れられていった。マインドフルネスのトレーニングが脳を変化させるという神経可塑性が脳科学的研究によって発見されたこともその流れを加速し、近年ではトラウマ治療にも重要な役割を果たすものとして応用されるようになってきている。

Mindfulnessは、上座部仏教の経典言語であるパーリ語satiの英訳である。satiは「思い出す」ことを意味する動詞saratiの名詞形で、忘れないようにしておくことや記憶を意味する。日本に伝わった漢訳仏教では「念」と訳されてきた。マインドフルネスという英訳が定着したのは、マインドフルネス瞑想が最も総合的にまとめられたSatipaṭṭhāna-sutta（『念処経』）が1910年にリス・デイビッド（Rhys Davids, T. W. 1843–1922）によってFour fold setting up of mindfulnessと訳されてからのことらしい（Gethin 2011：263–279）。

カバットジンは、禅やウィパッサナー瞑想との出会いを通して人生の苦しみに対するマインドフルネスの効果を実感し、仏教瞑想の智慧を現代社会の苦しみが集まってくる病院で実践可能な形に再構築したのである。

②　呼吸を観察する理由

(1) 不浄観からマインドフルネスへ

ブッダは出家修行者たちのために不浄観を推奨していた。性欲対策として、風葬の墓場で腐敗してゆく死体を見つめることによって性欲を中和する瞑想である。ところが、準備の出来ていなかった修行者たちがブッダの目の届かないところで不浄観を行ったところ、あまりの衝撃に恐怖と不安に飲み込まれて正気を失い、集団自殺が起こってしまった。自分で死にきれないものは屠殺人に依頼して殺してもらうケースもあったらしい。

ブッダはときどき2週間ほど1人で籠って瞑想することがあり、その時の出来事であった。戻ってきて修行者の数が減っていることから事件を知り、自殺や自殺ほう助を含めて殺人を禁じる第3パーラージカという戒律を制定したことが『律蔵』に記されている。その時に、侍者のアーナンダから「より安全性の高い瞑想法を教えてください」と請われて説かれたのが「呼吸によるマインドフルネス（出息入息念）」であった（上田 2003：113–117）。

最初はシンプルな教えであったと思われるが、次第に体系化されて16の観察法にまとめられたものが中部118経の『出息入息念経』として伝えられている。以下にその16の観察法を訳出して、マインドフルネスにおける呼吸の観察法を概観してみたい。

1. 息を長く吸っている時には「息を長く吸っている」と遍く知り、息を長く吐いている時には「息を長く吐いている」と遍く知る。
2. 息を短く吸っている時には「息を短く吸っている」と遍く知り、息を短く吐いている時には「息を短く吐いている」と遍く知る。
3. 「全身を感知しながら息を吸おう」と訓練し、「全身を感知しながら息を吐こう」と訓練する。
4. 「身体の動きを静めながら息を吸おう」と訓練し、「身体の動きを静めながら息を吐こう」と訓練する。

5. 「喜びを感知しながら息を吸おう」と訓練し、「喜びを感知しながら息を吐こう」と訓練する。
6. 「安楽を感知しながら息を吸おう」と訓練し、「安楽を感知しながら息を吐こう」と訓練する。
7. 「心の動きを感知しながら息を吸おう」と訓練し、「心の動きを感知しながら息を吐こう」と訓練する。
8. 「心の動きを静めながら息を吸おう」と訓練し、「心の動きを静めながら息を吐こう」と訓練する。
9. 「心を感知しながら息を吸おう」と訓練し、「心を感知しながら息を吐こう」と訓練する。
10. 「心を和ませながら息を吸おう」と訓練し、「心を和ませながら息を吐こう」と訓練する。
11. 「心を安定させながら息を吸おう」と訓練し、「心を安定させながら息を吐こう」と訓練する。
12. 「心を解き放ちながら息を吸おう」と訓練し、「心を解き放ちながら息を吐こう」と訓練する。
13. 「無常であることを繰り返し見つめながら息を吸おう」と訓練し、「無常であることを繰り返し見つめながら息を吐こう」と訓練する。
14. 「色あせてゆくことを繰り返し見つめながら息を吸おう」と訓練し、「色あせてゆくことを繰り返し見つめながら息を吐こう」と訓練する。
15. 「消滅を繰り返し見つめながら息を吸おう」と訓練し、「消滅を繰り返し見つめながら息を吐こう」と訓練する。

16.「手放すことを繰り返し見つめながら息を吸おう」と訓練し、「手放すことを繰り返し見つめながら息を吐こう」と訓練する。

(M. III. 82-83. 筆者訳)

(2) 呼吸の見つめ方

これらは身体に関する観察(1～4)、感受に関する観察(5～8)、心に関する観察(9～12)、法に関する観察(13～16)の4つの観察領域に分類される。

身体的観察においては、呼吸をコントロールせず、ありのままの呼吸を見つめてゆくのが特徴である。呼吸を数える数息観や、ヨガのプラーナヤーマのように呼吸をコントロールすることは経典には説かれていない。注釈書には、初心者のための補助的技法として使ってもよいことが記されている。何かをするdoing-modeに慣れた初心者には、数えたりコントロールしたりする方が集中力の養成として取り組みやすいのであろう。

「ありのままに見つめてください」という指導を受けると、見つめることが見張ることになってしまって息苦しくなってしまう人もいるし、呼吸の身体感覚に意識を向けることが不安を招いてしまう場合もある。「長く吸っている」とか「長く吐いている」とモニターしながら呼吸を見つめてゆくことは、一定の距離感をもって不安や緊張をもたらさないように呼吸に意識を向けてゆくための妥当な入り口であると思われる。

筆者の場合には、「吸う息と吐く息ではどちらが温かく、どちらが涼しく感じますか?」と問いかけながら感触の違いに注意を向けてもらうことから始めるようにしている。それから「吸い始めと吸い終わり、吐き始めと吐き終わりにも注意を向けてみましょう」と促し、その後で「1回1回の呼吸の長さや短さ、深さや浅さの違いにも注意を向けてみます」と誘うようにしている。

(3)全身を見つめる、プロセス全体を見守る

「全身を感知しながら」には、「身体の全体を感じながら」という文字通りの意味と、「呼吸のプロセス全体を感じながら」という裏の意味の2つの解釈がある。吸い始めから吸い終わりまで、吐き始めから吐き終わりまでを感じていると、鼻から息を吐き終わった後にも胸のあたりでまだ吐き続けているような感触が感じられることがある。体壁呼吸筋を絞り切った後にかすかな息苦しさのようなものが感じられて、息を吸い始める。こうして呼吸の微細なプロセスを感じているうちに、心は自然に身体全体を感じるようになってゆくことがある。それはあたかも、「気の流れ」と呼ばれるものに目覚めてゆくような過程に似ているかもしれない。

おそらくこうした呼吸観察の深まりは、ガス交換としての外呼吸からエネルギー代謝としての内呼吸に意識が導かれてゆく現象なのではないかと思われる。解剖学者の三木成夫は『生命の形態学――

地層・記憶・リズム――』の中で、古生代から中生代にかけて1億年をかけて命が上陸する過程で、内臓性のえら呼吸が体壁性の肺呼吸に変化する際に、呼吸という植物的な運動を個体運動に専念すべき体壁性の動物筋に委ねてしまったために、肺呼吸を支配するのはえら呼吸を支配してきた延髄によって継承されながらも、そこに個的運動にかかわる大脳皮質の支配が重なってきたことを説明している。そして人間の場合には、食を求めて生きるための意思活動が、従来の自然な植物的リズムによる呼吸を犠牲にしながら展開されることになるという（三木 2013：165–179）。

（4）生命呼吸と意思呼吸

こうして呼吸には自律的にコントロールされる領域と意思でコントロールできる部分との両方があり、人の思いが呼吸に大きな影響を与えるようになったのである。「息を殺す」、「息をひそめる」、「息を合わせる」など「息」を含むイディオムが豊富に生まれてきたのは、三木成夫のいうところの「生命呼吸」に「意思呼吸」が重なり合ってきた結果なのであろう。筆者は学生たちに「息」という言葉を含むイディオムを集めて分類して、息に関する先人たちの身体感覚を想像してみるレッスンを行うこともある。

（５）気づきの作法――集中型瞑想から洞察瞑想へ――

呼吸のプロセス全体をありのままに見守ることができるようになると自然に呼吸は静かになってゆく。「身体の動きを鎮めながら」という言葉には、呼吸を見つめる以外の意思の働きが静まってゆくことによって、次第に意思呼吸から生命呼吸そのものへの移行が起こることが示唆されているのであろう。逆にいうと、心が呼吸から離れてさまざまな思いにとらわれてしまうと、呼吸も姿勢も大きく影響を受けてしまうことになる。俗にいう雑念に囚われる瞬間である。

そして雑念にとらわれていたことに気づいた瞬間にどう対応するかが、集中型瞑想になるか、洞察に開かれたマインドフルネス瞑想になるかの分かれ目になる。「あ、しまった……」と思ってすぐに呼吸に戻ってしまうと集中型の瞑想になる。多くの場合は、気づいた瞬間に自分を責めてしまうものなのだが、集中型瞑想だけではそのことに気づくスペースが生まれない。自分を責めてしまったり、善悪を裁いてしまったりしていることに気づいて手放すことができてはじめて洞察型瞑想への道が開けてマインドフルネス瞑想が軌道に乗る。

筆者は、心が呼吸から離れてしまったことに気づいた瞬間の対応法について、①気づく、②感じる、③整えて戻るの３ステップによる「気づきの作法」を推奨している。心が呼吸から離れたことに気づいたら、後悔していたのか、期待していたのか、不安になったのかなど、何が起こっていたのかを確認する。慣れるまでは、短い言葉でラベリングしてもよい。そして、そのことに気を取られたことによって体のどこにどのような影響を受けたのか、「眉間にしわが寄っている」のか、「歯を食いしばっている」のか、「胸が痛い」のか、「肩に背負ってしまった」のかなど、部分を特定して、どんな感じがしているのかを味わう。身体で感じることが、その気持ちを受けとめるための土台となる。それから姿勢を整えて、胸が開いて、肩の力が抜けて、頭が背骨の上にまっすぐに載っていることを確認してから、ゆっくりと呼吸に戻る。

「気づきの作法」が身について、見張っているような緊張感や堅さから解放されて、温かくやさしく見守る感じがつかめたらマインドフルネスが軌道に乗ってきたと思ってもよい。

(6) 喜びと観の汚染

ある程度の集中力が身についてくると、それまではネガティブな感情に覆われていた命の喜びが、雲を離れた月のように輝きを現し始める。熱やエネルギーが湧き上がるように感じたり、光が見えたり、鳥肌が立ったり、身体が軽く感じられたりと様々な体験の仕方がある。初心者はこうした神秘体験に驚き、悟りを得たのではないかと勘違いをしてしまい、瞑想の迷路に落ち込んでしまいがちなものである。禅宗では魔境と呼ばれるが、マインドフルネスの伝統では「観（洞察）の汚染（vipassanā upakilesa）」（水野 2004：363-371）と呼ばれる。

観の汚染は、神秘的体験に伴う微欲を自覚できないことによる。集中力が育まれて心が落ち着いてくると光明、智慧、歓喜、軽やかさ、確信、奮励、寄り添い、平静な見守りなどの要素が姿を現すのに伴って微欲が生まれる。「悟ったのではないか」と期待したり、「自分の方がすごいぞ」と比較したりしている心の中にある微欲をマインドフルネスで見つめて手放すことができると、瞑想は観の汚染を脱して本格的な洞察のレベルに進むことができる。

(7) 喜びのエネルギーの使い方

感受観察の冒頭に喜びの観察が挙げられているのは、集団自殺事件からの学びであろう。安定した集中力による喜びを体験し、そのエネルギーを充分に受け取り、瞑想の迷路を見極めることができてはじめて、不浄観のような命の影の部分を見つめる瞑想に耐えられる準備が整う。

光やエクスタシーなどの神秘体験は禅定と呼ばれる集中力の産物だが、そのエネルギーは、「私」という複合体への執着が解体される過程に伴う不安や恐怖に耐えるためのエネルギー源として、利用できるようにしておくことが望ましいのである。

③ 伝統的マインドフルネスについて

(1)『念処経』の概要

ここで、マインドフルネスの方法と洞察について最もよくまとめられている『念処経』の概要を見てゆきたい。『念処経』では、身体、感受、心、法の4領域にわたる13グループの観察法が紹介されており、その冒頭が『出息入息経』と同じ4つの呼吸観察になっている。

身体：①呼吸、②姿勢、③日常動作、④身体部分、⑤地水火風、⑥死体の崩壊過程。

感受：⑦快・不快・中性の身体感覚。

心：⑧心が欲望、怒り、無自覚に汚染されているかどうか、集中しているか散乱しているか、囚われているか解放されているかなど。

法：⑨人間存在を構成する5つの集合体（五蘊）、⑩心を曇らせる5つの要素（五蓋）、⑪6つの感覚器官とそこに生じる意識活動（六感覚処）、⑫悟りに導く7つの要素（七菩提分支）、⑬4つの聖なる真理（四聖諦）。

そして、これらすべての観察を自分の呼吸、他者の呼吸、自他の呼吸というように3つの視点から観察するように指導されているのが大きな特徴である。筆者はこれらを主観的観察、客観的観察、間主観的観察と呼んでいる。

(2) 話すマインドフルネス・聴くマインドフルネス

日常動作の観察に、「話すときにも、沈黙している時にも正しく遍く知りながら行う」という実践が説かれている。筆者は「話すマインドフルネス、聴くマインドフルネス」と呼んで関係性におけるマインドフルネスのトレーニングとして取り組むように心がけている。話すときには「何を隠そう」としているのか、「何を強調しよう」としているのかという編集癖に気をつけること。そして話し終えた後に残る余韻をしっかりと味わうこと。聴く時には、沈黙が訪れたときに不安や恐れからその沈黙を言葉で埋めてしまおうとする衝動を見つめること。そして、聴いている時に自分の頭と心と身体の中に浮かび上がってくるものをよく見つめること。これらをしっかりとトレーニングしておくと、日常生活のコミュニケーション場面がマインドフルネスの実践現場になってゆく。

(3) 無明と反復強迫・隠蔽記憶

仏教の無明はフロイト（Freud, S. 1856-1939）の「反復強迫」という概念を参照することで分かりやすくなる。フロイトは、言葉で思い出せない記憶は無意識的な行為の中で繰り返されることを「反復強迫」(フロイト 1970:49–58)と呼んだ。マインドフルネスは、日常生活の中で繰り返してしまっている反復強迫に気づくことによって、自分が今どんな業を作ってしまっているのかということ、すなわち何を意思して身体の行為に移そうとしているのかに自覚的になろうとする。

フロイトは精神分析を作り上げてゆく過程で、クライアントが連想して語る記憶は、真実を語るというより、その真実を覆い隠してしまうように語る傾向があることに気づき、それを隠蔽記憶(フロイト 1970:18–35)と呼んだ。話すマインドフルネス瞑想では、自分の編集癖に気づき、誰にどう思ってほしいのか、どう思われるのを恐れているのかなどを自覚することによって、フロイトが隠蔽記憶と呼んだ心の傾向に取り組んでいく。

(4)治療的沈黙

フロイトの精神分析では、沈黙は治療への抵抗であると理解して、なぜ沈黙しているのかを解釈してその抵抗を乗り越えようとする傾向がある。しかし、ジェンドリン(Gendlin, E. T. 1926–2017)のように、その沈黙は自分自身に向かい合いながら自分なりの言葉を探すための時間であると理解して、静かに見守りながら待つことを大切にするアプローチも生まれてきた(橋本 2016:415–426)。ブッダの説いた「沈黙する時にも正しく遍く知りながら行う」という聴くマインドフルネスの実践は、まさにそのようにして相手の沈黙を温かく見守るための基盤づくりとなる。筆者はこのようにして、相手が沈黙の中で自分自身を感じながらその体験に一番ふさわしい言葉を見つけられるように温かく見守ることを「治療的沈黙（therapeutic silence）」と呼んで、マインドフルネスが培ってくれる人間の器として教えるように心がけている。

（5）無我や空の洞察へ――「私」がいなくても生きていられること――

『念処経』で繰り返される洞察の定型句では、心身現象の発生と消滅のプロセスを主観的、客観的、間主観的という3つの視点から繰り返し見つめていると、その人の洞察力とメタ認知に応じて「私」という観念が抜け落ちて「心身現象そのものだけがある」という洞察が顕現してくると説かれている（片山 1997：196）。道元のいう「心身脱落」に通じる洞察であり、無我や空の理解への入口が開ける体験である。

視点を変えてみると、心身現象のプロセスを見つめるマインドフルネスでは、「私」という思いがどのようにして発生してくるのかをありのままに観察するトレーニングが積み重ねられる。『相応部蘊品長老相応』には、主語のない認識レベルから、主語が生まれ、所有観念が発生し、自分を客観化し、「私」の奥に魂が存在するという意識が生まれてくるまでの意識の階層性を詳細に観察していた記述が残っている（井上 2008：61–96）。

(6) 五蘊観察から集合的無意識の理解へ

五蘊《ごうん》とは、色(物質的身体)、受(原始的身体感覚)、想(イメージや想念)、行(業を作る意思)、識(記憶を含む意識活動全般)の人間を構成する5つの集合体である。五蘊を「私」だと思い込んでいる状態を五取蘊と呼ぶ。無我や空の理解は、五取蘊から五蘊そのものを見つめることができる状態に連れていってくれる。すると、身体どうし、心どうし、そして五蘊のそれぞれが「私」を超えて響き合っている様子を感じ取ることができるようになる。それは、ユングのいう集合的無意識の理解へとつながってゆく。

呼吸瞑想が深まってゆくと、身体に刻み込まれた解剖学的な歴史を通して生命呼吸と意思呼吸との重なり合いとズレが感じ取られるようになってくるように、「私」意識と五蘊の重なり合いとズレをかいま見ることができるようになると、言語を獲得しながら「私」という仮想現実を共同催眠のように社会的に作り上げてきた系統発生の残響として集合的無意識のありようを覗いてみることができるようになる。

(7) コンプレックス、布置、元型への理解

ユング(Jung, C. G. 1875–1961)は連想実験によって自律的なコンプレックスの存在を如実に感じ取ることができることを体験し、そこから布置という概念、さらには元型や集合的無意識という概念構

築への道を歩んでいった。連想実験において、コンプレックスを刺激する言葉に対面した時の被験者の表情の変化、緊張の感じ、反応の乱れを観察することは、ユング派の教育分析において重要な位置を占めている（ユング 2000）。こうした非言語レベルでの情報の読み取り方を訓練してゆくことは、フロイトが「差別なく平等に漂わされる注意」（フロイト 1983：78-86）と呼んで分析家に求めた力に相当するものであり、間主観的なマインドフルネス実践によって培われてくるものと同じものである。

こうした意味合いからすると、マインドフルネスのトレーニングは、自分自身の心に浮かんでくる想念を、分析家がクライアントの自由連想を読み取るのと同じようにして読み取りながら、温かく見守る力を培ってゆくことに相当するのではないかと思われる。

④ 伝統的マインドフルネスの目標地点

（1）解脱について

『念処経』の最後には、人による早さの違いはあるにしても、マインドフルネスによって解脱と呼ばれる変容体験がもたらされることが説かれている。解脱には預流《よる》、一来《いちらい》、不還《ふげん》、阿羅漢《あらかん》の4段階があるが、ここでは解脱の入口である預流に至ると何がどう変わるのかを概観してみたい。なお、束縛からの解放を解脱、その解脱が起こる時の個人的な了解のナラティブを悟りと呼び分けることとする。

（2）有身見《うしんけん》の超越

解脱によって解き放たれる第1の束縛は有身見と呼ばれる、この身体が自分の所有物であるという思い込みである。自分の身体は自分のものであるのはもちろんだが、自分の思い通りに支配できるものではない。ウィニコット（Winnicott, D. W. 1896–1971）が「精神が身体にやどる（棲息）ようになって」（ウィニコット 1977：65）と言ったように、適切な育児を得てはじめて私たちは人生の最初の数年をかけてこの身体に住み込み、この身体を自分のものとして安心して生活できるようになる。その基本的安心感の中に潜む、「何でも自分の思い通りになる」という万能感から脱錯覚（ウィニコット 1979：13–19）して、ある意味での授かりものであるこの身体の有限性を受けとめて、感謝しながら生き抜いていくことができるようになるのが有身見の超越になる。

呼吸を観察しながら、次のひと息が出て来てくれる保証はないこと、いつ死んでもおかしくはないことの不確実性に直面し受容してゆくそのプロセスは、自らの死への不安を受けとめる作業に重なる。ガンなどの告知を受けるとショックで頭が真っ白になってしまうのは、「自分だけは死なないだろう……」という錯覚による安心感が瓦解するからである。キューブラー・ロスは終末期患者に寄り添うためには自らの死への不安に向かい合うことが必須であると強調していた（キューブラー 2001：43–58）。有身見の超越は、終末期患者に寄り添うための基盤を与えてくれると同時に、真の意味でのセルフケアができるようになるための第一歩となる。

（3）戒禁取見《かいごんしゅけん》を超える

預流によって乗り越えられる第2の束縛は、社会宗教的な儀礼や慣習へのこだわりである。瞑想法や心理療法の技法や流派への執着が含まれる。冠婚葬祭などの儀式や儀礼における仕来りは相対的な約束事であって絶対的なものではない。何のための結婚式なのか、なぜ葬式をするのかの本質が理解できれば、その場に応じたものを自由に創造することができるようになる。

しかしそれは、いたずらに儀式や儀礼を批判することではなく、必要に応じて距離をとったりしながら、その場の人々の幸福を最大に実現できるようにファシリテートしてゆくクリエイティビティとして活かされてゆくものである。心理療法や瞑想指導においては、技法や流派への執着を超えて、目の前のクライアントに合わせて一番ふさわしいアプローチを自在に選択できる能力として花開いてゆく。

（4）疑《ぎ》を超える

社会的な慣習の束縛を超える際には、それなりの不安が伴う。その際に外的権威に依存せず、自分の感じていることと体験を拠り所として判断していけることが、疑という第3の束縛を超えることになる。これは自己信頼感の獲得に相当し、自己効力感を得てゆくことにつながる。

⑤ マインドフルネスの実践現場

出家修行者たちの生活規律を集めた『律蔵』には、出家修行者たちは、看取りを含めて、お互いの看病をしながら修行共同体として生活してゆくべきことが説かれている。病気になったり怪我をしたときに世話してくれる家族のもとを離れて独身で修行するコミュニティにとっては必須の課題でもあった。

ブッダは、「私の世話をするように、病気になった修行仲間の世話をしなさい」と教えている。修行者たちはとても一生懸命に実践したようで、よき看病者になるための5条件、困った患者の5条件などがまとめられている（渡辺 2003：525–528）。

相手をケアするためには、相手の状況を知るだけではなく、助けようと思っている自分の状態も把握しておく必要がある。現代でも対人援助者の燃えつきが起こってしまう理由の1つがそこにある。その意味で、相互ケアはマインドフルネス実践の格好の臨床現場になっていたようだ。

よき看病者になるための5条件は以下のとおりである。

1. 薬を調合したり、調達したりすることができる。

2. 病気によいことと悪いことがわかり、悪化を予防し回復に向かわせることができる。
3. 慈しみの心から看病し、見返りを求めない。
4. 糞尿や唾や痰や嘔吐物などを取り除くことを厭わない。
5. 適当な時を見つけて法にかなった話をし、理解させ、励まし、喜ばせることができる。

これらは、3の慈しみを中心に、前半が治療（cure）、後半がケア（care）の配置になっている。4.嘔吐物の除去に関しては、怒りやイライラなどの心理的な排出物への対応も重要になる。そのためには転移・逆転移に関する経験的理解が求められ、間主観的なマインドフルネスの実践が問われる。法にかなった話とは真理に関する話のことであり、現在では告知に関する取り組みに通じるものであろうが、個人的な真理と社会的真理の間で何を大切にするかの方便も試されるところである。

⑥ コンパッションが説かれた背景とその本質

(1)『慈しみ経』が説かれた背景

相互ケアの中軸を担っていた「慈しみ」は、解脱したものの心の保ち方としても、解脱を目指す瞑想技法のひとつとしても大切に実践されていた。スッタニパータに説かれた『慈しみ経』に関する注釈書には、次のような因縁譚が説かれている（村上・及川 2009：494–530）。

ある出家修行者の一団が、ヒマラヤ山麓によい環境の整った集落を見つけた。村人の信仰心はあつく、近くに瞑想に適すると思われる森もあった。彼らは森の中の思い思いの場所に瞑想する場所を見つけ、村で托鉢して、残りの時間を瞑想修行に打ち込んだ。ところがしばらくすると、修行者たちの容色は衰え、修行がうまく進まない様子が明らかになってきた。リーダーがみんなを集めて様子を確認したところ、夜になると恐ろしい声が聞こえたり、姿が見えたり、嫌なにおいがしたりして瞑想が邪魔されていることがわかった。

彼らはブッダのもとに行って、どこかほかによい場所がないかどうかを尋ねた。ブッダは彼らの話をよく聞いて思案した後で、次のように語った。

「あなた方には他にいい場所はありません。しかし今のまま同じ場所に戻っては失敗の繰り返しになります。そこであなたたちに護身術を授けましょう」こうして護身術として説かれたのが『慈しみ経』であった。

ブッダの見立てによると、その森の大樹には精霊の家族が住んでおり、修行者の一団がやって来て突然瞑想を始めたものだから、その威力に圧倒されて自由に動けなくなり迷惑して、追い出そうとして嫌なものを見せたりしたとのことであった。彼らは同じ森に戻り、ブッダに教えられたとおりに慈しみの瞑想をしてから、それぞれの課題とする瞑想に入った。

自分たちのことを思いやってもらった精霊たちは心が温かくなり、嬉しくなって、修行者たちを守り応援するようになった。修行者たちも、今度は邪魔されることなくそれぞれの修行がうまく進んだ。これは後代のチベット仏教に伝わる敵対するモンスターを守護神に変える実践の基盤となった瞑想事例であろう。

(2) 力(ランク)を自覚して使いこなすこと

『慈しみ経』の因縁譚が教えてくれることは、たとえ瞑想であっても、それが周囲に与える影響力(威圧感)に無自覚でいると知らないうちに他の存在に迷惑をかけ、そこから自分に悪影響が戻ってくることがあるということである。護身術として思いやりの瞑想が指導されたことの意味は、周囲を思いやることが自分を守ることにつながるということだけではなく、自らが持ってしまったランクや力を自覚的に使うことによって自他を同時に守ることが可能になるということでもあった。

これはマインドフルネスの倫理について考える時の忘れてはならない重要なポイントである。そして仏教の実践において智慧と思いやりが両輪として働くべきことを示す重要な事例である。

(3) 四無量心について

日本語では慈悲というが、瞑想法として取り組む時には慈悲喜捨の四無量心として、それぞれ異なる祈りの言葉に集中する形をとる。慈は、相手の幸せや健康を祈ること。悲は、相手の痛みや苦しみが和らぐように祈ること。喜は、相手の喜びを共に喜ぶこと。捨は、人生の浮き沈みによる喜怒哀楽の中にいる相手を温かく見守ること。四無量心とは、生きとし生けるもの全てに対して分け隔てなく限りない思いやりを向けることから「無量」と呼ばれる。ただし、瞑想法としては、特定の個人に対して祈りを向けることもある。

(4) アンビバレンスの統合としてのアプローチ

『清浄道論』には、四無量心の近い敵（似て非なるもの）と遠い敵（正反対のもの）という障害物が解説されている（水野 2004：185–187）。例えば、慈しみに関しては、愛欲や愛情が似て非なるものとしての近い敵、憎しみや嫌悪などが正反対の遠い敵に分類される。「愛憎相交々する」という言葉があるように、親密な関係性においては愛情と憎悪という両極端の間で感情が揺れ動く。「相手のためには命をかけても……」と思うときもあれば、その相手が思うようになってくれないと一瞬のうちに「あんな奴いなくなればいいのに……」と気持ちが反転してしまう。無関心な相手であれば嫌いにさえならないものを、所有感のために相手のことを思う気持ちが反転しながら揺れ動くのである。

マインドフルネスは集中力と洞察力から構成されているので、祈りの言葉に集中するタイプのアプローチもあるが、愛憎という近い敵と遠い敵の両極端の間で揺れ動くありさまを、あたかも波乗りを

表5－1　四無量心の近い敵・遠い敵

⬆ 近い敵	四無量心	遠い敵 ⬇
愛欲，愛情	慈	憎しみ，嫌悪
感傷，センチメンタリズム	悲	非難，中傷
過剰な同一化，有頂天	喜	嫉妬，妬み
無関心，無視，拒絶	捨	執着

出所）筆者作成。

するかのように、ありのままに見つめる洞察型のアプローチをすることも可能である。静かに瞑想できる場合には集中型の祈りを、日常生活においては両極端の間で揺れ動くアンビバレントな気持ちを見守るアプローチをすることがよい。表5－1に四無量心の近い敵と遠い敵をまとめる。

両極端を揺れ動く感情的な波乗りがうまくできるようになると、波が凪いだ一瞬に開けた視界から相手のことを思いやることが一番楽な関係性の結び方だということが理解できるようになる。これが中道に基づいた四無量心へのアプローチとなる。

(5) 慈念加持

『慈しみ経』には、生きとし生けるものたちに対して、母親が子どもを思うような慈しみの心をしっかりと保つようにと説かれている。「この念をしっかりと保て（etaṁ satiṁ adhiṭṭheyya）（Suttanipāta, 1990：26）」という言葉は、「慈念加持」とも訳すことができる。加持は、仏教的には行者の修行力によって信者に神秘的な治癒力が働くことを指すのだが、心理療法的な関係においてはクライアントの揺れ動く気持ちをセラピストが温かく見守ることによって、クライアントの中に自然な統合のプロセスが生まれることを意味するものと解釈できる。

セラピストは、クライアントとの関係の中で自分の心がどのようにアンビバレントな気持ちに突き動かされるのかをしっかりと見守ることによって、患者の置かれていた状況を理解するための羅針盤として逆転移を使いこなすことができるようになる。

(6) 自らへの思いやり——セルフ・コンパッション——

アビダンマと呼ばれる仏教心理学では、慈しみは「いかなる形の怒りもない状態」として定義される(ウェープッラ 1992 : 51)。怒りは、他者に向かう敵意や憎しみ、自己の内側に向かう自己嫌悪や罪悪感や自責の念などに分けられる。そして、他者に慈しみを送る前には自分自身へ慈しみを送るようにと指導される。自分の中に何らかの怒りが潜んでいるうちは、思いやりの気持ちがその怒りによって歪められてしまうからである。

自分自身に慈しみを送る時には、まずは外側に向いた怒りである敵意や恨みや憎しみが無いかを確認して、あれば手放す。次に、自分に向いた怒りである自己嫌悪や罪悪感や自責の念などがないかどうかを確かめて、あれば手放す。外向きの怒りからも、内向きの怒りからも、出たり入ったりしながら傷つける怒りからも解放されていることを確認して、自分が安らかで健やかで幸せであることを祈り、願う。「自分が幸せになってもいいんだよ」と、幸せになることを自分に許す体験に近い場合もあろう。

これは伝統的な慈しみの準備瞑想であるが、近年心理学でいわれるようになったセルフ・コンパッションの原点ではないかと思われる。

⑦ トラウマの視点から

(1) トラウマからの癒し

『出息入息念経』にも、『念処経』にも不浄観が含まれている。それは、集団自殺というトラウマ的な出来事が出息入息念をはじめとするマインドフルネス瞑想の中で克服され、しっかりとした安全性の中で取り組むことが可能になったということを意味するのではないだろうか。このことは慈しみの準備瞑想として自らへの慈しみ瞑想が体系化されたことにも関連している。

間主観性を重んじるストロロウ（Strolow, R. D. 1942-）によれば、トラウマを作るのは事件の悲惨さだけではなく、近くで支えてくれる安心基地となる関係性がないために絶望感と孤立無援感にさいなまれてしまうことによる（ストロロウ 2009：16）。三宝の中にブッダとダンマと共に修行共同体としてのサンガが加えられていることの意味は、出家修行者たちが自分自身に向かい合う孤独な修行に取り組むためのお互いの安心基地となれるように修行コミュニティを作り、その互恵的な支えの上で各自の解脱への道のりを1人で歩むことが可能になるからなのである。

（2）法眼が開ける意味

トラウマ研究の第一人者であるコーク（Kolk, B. 1943-）は、身体で感じることを学び、物事が移り変わることを身体で理解することがトラウマが癒えるために必要な条件になることを述べている（ヴァン・デア・コーク 2016：340-343）。これは、「生じたものはすべて滅するものである」という法眼が開ける体験に相当する。法眼が開くのは、解脱の第1段階に達するときであるから、解脱という変容体験にはトラウマの癒しに必要な条件が含まれていることになる。

悲嘆研究のパークス（Parkes, C. M. 1928-）は、トラウマが癒されないとグリーフワークへの取り組みが始まらないことを述べている（Parkes 2008：463-484）。悲しむべきことを思い出せないからだ。預流の解脱に達してはじめて、それまで存在すると思い込んでいた「私」が社会的な共同催眠による仮想現実であったということを受けとめて、「私」が日常を安心して生きるための錯覚を手放すための予期悲嘆を体験してゆく準備が整ってゆくのである。

おわりに

仏教における苦（dukkha）の理解は、現代的なトラウマとグリーフの視点を入れることで、瞑想と心理臨床を架橋する要素としての意味合いを増していくであろう。そのためには、解脱の過程における無我洞察について、「私」への執着を手放すための予期悲嘆という視点から過患随観智や厭離随感智などの観智（水野 2004：385-391）について再検討してゆくことが必要となるのだが、このテーマについてはまたの機会に委ねたいと思う。

参考文献

Gethin, R. "On some definitions of mindfulness", *Contemporary Buddhism* Vol. 12., No. 1, Routledge, 2011.
Parkes, C. M. "Bereavement Following Disaster", *Handbook of Bereavement Research and Practice*, American Psychological Association, 2008.
Suttanipāta, Pali Text Society, 1990.
井上ウィマラ「五蘊と無我洞察における asmi の位相」『高野山大学論叢　第43巻』高野山大学　２００８年。
ヴァン・デア・コーク、B.『身体はトラウマを記録する』紀伊國屋書店　２０１６年。
ウィニコット、D. W.「子どもの情緒発達における自我の統合」『情緒発達の精神分析理論』岩崎出版社　１９７７年。

ウィニコット、D.W.「移行対象と移行現象」『遊びと現実』岩崎学術出版社　1979年。

ウ・ウェープッラ・戸田忠　訳註『アビダンマッタサンガハ』アビダンマッタサンガハ刊行会　1992年。

上田天瑞訳『南伝大蔵経1　律蔵1』大蔵出版　2003年。

片山一良訳『中部根本五十経篇』大蔵出版　1997年。

キューブラー・ロス、E.『死ぬ瞬間』中公文庫　2001年。

ストロロウ、R.D.『トラウマの精神分析』岩崎学術出版社　2009年。

橋本真友里「心理療法における沈黙の概念および沈黙研究の概観と展望」『京都大学大学院教育学研究科紀要 63』2016年。

フロイト、S.「想起、反復、徹底操作」『フロイト著作集　6』人文書院　1970年。

フロイト、S.「隠蔽記憶ついて」『フロイト著作集　6』人文書院　1970年。

フロイト、S.「分析医に対する分析治療上の注意」『フロイト著作集　9』人文書院　1983年。

三木成夫『生命の形態学――地層・記憶・リズム――』うぶすな書院　2013年。

水野弘元訳『南伝大蔵経63　清浄道論2』大蔵出版　2004年。

水野弘元訳『南伝大蔵経64　清浄道論3』大蔵出版　2004年。

村上真完・及川真介訳註『仏のことば註（1）――パラマッタジョーティカー――』春秋社　2009年。

ユング、C.G.『連想実験』みすず書房　2000年。

渡辺照宏訳『南伝大蔵経3　律蔵3』大蔵出版　2003年。

第6章

ブッダの正法の意義と初期仏教修行の実際

相模女子大学教授
石川勇一

① 法の種が蒔かれた今

近年、日本にブッダの正法の種が蒔かれた。これは日本の歴史上、特筆すべき大きな出来事である。このことは未だほとんどの日本人に知られておらず、理解されていないと思われるので、簡単に説明したい。日本にはこれまで幾度も種々の仏教の教えが伝わってきた。公式的には、6世紀に朝鮮半島から仏教が伝来し、土着の神道との習合など紆余曲折を経て日本に仏教が広がったとされている。西暦604年には、早くも聖徳太子（574–622）が制定した十七条憲法に「篤く三宝を敬へ。三宝とは仏・法・僧なり」（第2条）と記され、国の根幹に仏教が据えられた。日本仏教は北伝の大乗仏教であるが、その根拠となる大乗経典群は、ブッダが入滅されてから少なくとも300年程度経過した後、およそ1400年間に渡って創作されたと考えられている。大乗経典には、如是我聞（このように私は仏から聞いた）という書き出しではじまる経が多くあるが、実際にはブッダから直接聴いた話ではなく、後代の多様な思想をブッダが語ったことにした形式的な記述である。教えの内容は、ブッダが実際に語った教えも踏襲されているので、ブッダがたびたび説かれた「無常」「無我」「布施」などの重要な言葉は、意味は深く理解できていないとしても日本人であれば誰でも聞いたことがあるだろう。しかし、長大な時空間を経た伝播のゆえに、大乗仏教の教えは縦横無尽に変節し、なかにはブッダの教えとは正反対なものも少なくないため、「大乗非仏説」との指摘もある。

一方、ブッダが実際に語った内容にもっとも近いと考えられている原始仏典は、パーリ聖典であるが、これが日本に本格的に入ってきたのは明治期以降である。律蔵、経蔵、論蔵の三蔵の翻訳を高楠順次郎らが１９４１年に成し遂げたが（全65巻全70冊）、当時は国家神道が強制されていたという時代背景もあり、原始仏典はごく一部の人にしか影響力をもたなかった。近年あらためて原始仏典の現代日本語訳が複数のルートで行われ、現在も随時発刊され続けている。

今日存在する教団で初期仏教にもっとも近いと考えられているのは、ミャンマー、タイ、スリランカなどの東南アジアに浸透している上座部仏教である。近年上座部の比丘や指導者が来日して法を説き、直接指導を行う機会が増えてきた。あるいはより積極的に、日本人が自らミャンマー、タイ、スリランカの仏教３国に渡って出家修行するケースも現れ、ブッダが説いた法を深く理解する日本人がかつてない規模で現れ始めている。

つまり、大乗仏教が広がっていた日本に、日本の歴史上はじめて、ブッダのオリジナルの教えを普通の日本語で読むことができ、望むならばブッダ直伝と考えられる修行法の指導を受け、実践できる環境が生まれはじめたところなのである。かつて、ブッダの教えを求めて多くの日本の僧侶が命を懸けて海を渡ったが、残念ながら彼らは純粋なブッダの教えを得ることはできなかった。ところが今日では、時代の恩恵によって、自室で端末をクリックして原始仏典を注文しさえすれば、すぐに誰でもブッダの真の教えに触れられるようになったのである。以上が、「近年、日本にブッダの正法の種が蒔かれ」たということの概略である。

② 特筆すべき大きな出来事

ではそれがなぜ「日本の歴史上、特筆すべき大きな出来事」なのだろうか。それは、ブッダの説いたダンマ（dhamma：「法」と訳される。法則、教えなどの意味）を正しく理解し、熟考し、実際に修行に励まないと分からないことであるが、ひと言で言うならば、ブッダの正法は、命あるものの苦しみを根本から断つことのできる唯一の良薬だからである。

世の中によい教えや修行法は数多くあるが、いずれも対症療法に過ぎない。苦しみの原因を根絶しない限り、生命が生きることに必然的にともなう苦しみの果実は、永遠に実を結び続けるからである。

これは宇宙の法則であるから、人間にはどうすることもできないだけではなく、神々や仏でさえ介入することができない。ブッダの教えは、苦しみの原因を根絶するために知る必要のある宇宙の法則（ダンマ）と、具体的な方法論がセットになっている。「神にすがればよい」「呪文を唱えればよい」「儀式に参加すればよい」「ただ座ればよい」「サマーディや非二元を体験すればよい」などの教えとも明らかに異なった内容である。さらに、ブッダの教えは単なる哲学、学問、理論、技芸、技術でもない。原始仏典をじっくり読むと分かることであるが、ブッダが伝えた修行法は、苦しみの滅尽、すなわち完全な解脱に向かうための具体的で完成された体系的な方法である。ダンマをよく理解し、熟考を重ねた上で、指示通りに真剣に修行するならば、私たちが自ら直接に結果を確かめることができるものである。そうして得られた理解に基づく澄み渡った確信こそ、ブッダのいう信（saddhā）なのである。確認できないことを一生懸命信じる宗教ではないのである。

ブッダの教えのなかには、リラクセーションや願望実現を目的とした瞑想法や、治療を目的としたマインドフルネス心理療法のような、解脱に役立たない修行法はない。さらに、解脱に資するのことのない質問にはあえて答えず、解脱に役立つことだけを説かれた。ブッダの教えの目的は、個々人の欲求を満たす世俗的な幸福ではなく、一時的な慰めを与えることでもなく、根拠のない夢や希望を与えることでもなく、哲学理論を構築することでもなく、信者を増やして利益を上げることでもなく、超能力を身につけることでもなく、死後に天界に転生することでもない。そのような欲求や根拠のない見解に拘束された無智で惨めな在り方に気づき、そこから自由になることを目的とする、出世間（lokuttara）の教えなのである。

出世間の教えとは、世間（loka）を脱出するための方法である。ここでいう世間とは、私たちが日常生活を送っている卑近な世の中や社会のことではなく、それも含んだすべての生命が住んでいる世界を指している。大乗仏教でも六道輪廻といわれ、命あるものは業に応じて六道（天、人間、修羅、畜生、餓鬼、地獄）を輪廻し続けていると伝えられているが、その六道すべて（原始仏典では三十一の世界）が世間であり、そこでの終わりなき輪廻を断ち切ることが苦しみの根本解決であり、解脱であり、出世間ということである。

出世間の教えの要諦は、非現実的な超人になることではなく、現実的にこころを完全に清らかにするということである。こころが清らかになり、悪行為を恐れて避けるようになり、法と戒に従って正しく生きるならば、世俗的な幸福は増すが、それは仏道の最終目的ではなく、単なる通過点に過ぎない。世俗的な幸福は、儚いものであり、それによっては生きる苦しみは決してなくならないからである。

このように、ブッダの教えは苦しみの原因を根本から滅し、実際に揺るぎない平安を得ることに向けられた実践的な方法の体系である。これに比肩するものはどこにもない。日本のこれまでの精神的・霊的伝統のなかには存在しなかった無上の法（ダンマ）なのである。心理学やスピリチュアリティ研究など、近代的な研究や実践の中にもブッダの法に相当するものはない。ブッダの説いた法は、時代や文化によって変化することのない普遍的なものであり、多くは修行によって自ら確認することができるものである。

さらに、ダンマはブッダの思想でもない。ブッダが発見した宇宙の真理である。そのため、仏教の信徒だけに通用するものではなく、どのような宗教を信じていようとも、どのような宗教も信じていなくても、それとは無関係に、あらゆる生命が拠り所にできる普遍的な法則なのである。

インドでダンマが説かれてからおよそ2500年の歳月を経て、近年はじめて本格的に日本にもたらされたこの最勝の法が、もしも日本に根づいたらどうなるだろうか？　一定数の人々がダンマを深く理解し、ダンマに基づいた生き方を実践するようになれば、日本人全体の精神性・霊性に静かに深く確実に善い影響をもたらすことが期待できる。それゆえ、この最勝の法が2500年の時を経て近年の日本に本格的にもたらされていることは、「日本の歴史上、特筆すべき大きな出来事」に違いないのである。

③ 正法が日本にもたらすもの

今日の我が国では、利益、称賛、名誉、楽（快楽）という世俗的な価値を求めて生きる人が大半である。多くの人、集団、組織、情報が金銭欲、権力欲、承認欲求、名誉欲、快楽への欲に汚染されてしまっているため、どれもが信頼できなくなっている。嘘や偽りに満ちた社会では、リテラシーを磨いて裏を読み取る能力がないと情弱と呼ばれ、競争に勝ち残れない。このようなフェイクに満ちた疑心暗鬼の社会では、純粋な善行為や、正しい生き方が見いだしにくくなり、誰もが世俗的価値観に埋没してしまい、普遍的な真理（法）に関心すらもたない人が圧倒的マジョリティーである。物質的な貧困も大きな苦しみであるが、このような目に見えない精神的な貧困はさらに深刻である。さらに、この深刻な精神的貧困への処方箋は誰もが示せないでいる。しかし、もしもブッダの正法を学ぶ人が増えれば、このような世俗的価値観こそが苦しみの原因であることに気づく人が増えるだろう。そしてその根本的な解決方法にも目を向ける人が増えるに違いない。

仏教学者の鈴木大拙博士（1870–1966）は、太平洋戦争の只中にまもなく日本が敗戦することを察知し、戦後の日本人の精神性が崩壊することを憂いて、未来の日本人の心を支えるために、昭和19年に『日本的霊性』という隠語のような書物を著した。当時の軍部の検閲を逃れるためである。しかし実際には、大拙博士が恐れたとおりの精神的崩壊が今や実現してしまった。一例を挙げれば、日本の国民のおよそ32人に1人が1年の間に精神疾患のために病院で治療を受けるようになり（厚生労働省患者調査 2014）、自殺率もワースト7位（OECD 2015）で長年ランキング上位の常連国である。政治家、官僚、大企業の不正や汚職は日常茶飯事となった。利権以上の価値を知らない人々は、危険な原発や地球規模の環境破壊という事態に直面しても、欲に目がくらんで止めることができずにいる。このような惨状は、貪欲や無智という煩悩に基づいた資本主義文明や不毛な競争社会の結果といっても間違いではないだろう。

しかし、もしも戒律を守る比丘たちの集う本物のサンガが日本できたならば、私たちに新しい希望をもたらすことになるだろう。比丘は職業ではなく、家も仕事も捨てて、一切の経済活動から離れ、悟りのために一生を捧げて修行をする行者のことである。このような比丘の姿を実際に目にすれば、競争に勝つことや生産性を向上する期待から自由になり、戒律によって煩悩が漏れ出ることを防護し、修行に精進する清らかで崇高で有意義な生き方が実際に存在していることを理解する人が増えるだろう。サンガができるということは、今の社会にはない正しい生き方のモデルが身をもって提示されるということなのである。心の中で世間に絶望し、生きる意味を見失っている人であっても、清らかな生活を送る比丘に実際に接することによって、自分も出家して、彼らのように清らかになりたい、真理を探究して覚りたい、苦しみを根絶したいという人々が、少数派だとしても一定数現れるだろう。本物のサンガができたならば、日本で出家修行することができるようになる。その意義は計り知れない。仏法は単なる学問や哲学理論ではなく、正しい修行の実践によって真に理解され、体得されるものだからである。自分では修行ができない人でも、サンガに布施をすることによってこころが清まり、大きな徳を積むことができるようになる。まさに真のサンガは世の福田《ふくでん》なのである。ブッダの正法が日本に根づくならば、大拙博士が期待した以上の、最上の日本的霊性を形成することに大きく貢献するに違いない。

さらに大きな視点に立てば、ダンマとサンガが根づいた国になれば、徳のある有情（生命）や、悟りの流れに入った聖者が日本に転生するようになり、ますます日本の霊性が高まることが期待できる。日本で生まれ育った私は、日本がそのような心の豊かな国になってほしいと強く願っている。

④ 取り組むべき課題

日本に蒔かれた正法の種が芽を出し、花を咲かせ、実を結び、根づくのか、あるいは滅びてしまうか、私たちは今、歴史的な分岐点に立たされている。よい実を結ばせるためには、私たちは何をしたらよいだろうか。これは簡単ではない課題である。しかし、基本はブッタのことばに忠実にしたがうことが重要だと思われる。ブッダは入滅が近づいたときに、

私がそなたたちのために説示し制定した法（dhamma）と律（vinaya）が、私亡き後、そなたたちの師なのです。

片山一良訳「大般涅槃経」

と比丘たちに語った。つまり、もっとも鍵になるのは法（ダンマ）と律（ウィナヤ）なのである。

（1）法（dhamma）について

正しい法は仏教の命である。法の翻訳、研究、教育の充実は必須の課題である。タイではナク・タムと呼ばれる教理試験があるが、このような制度も正しい法の知的普及のためには有効であろう。

日本は大乗仏教が広がった国であり、大乗経典に基づく宗派がたくさんある。現在、日本には157の仏教宗派があり、7万7206カ寺の寺院があり、34万5934人の僧侶がいる（文化庁『宗教年鑑平成二十九年度版』）。これは膨大で貴重な文化的資源である。大乗仏教に携わる方々も、原始仏典に記されたブッダの教えと虚心に向き合い、法とはなにかをあらためて探究するならば、大いなる利益があると思われる。一方で、およそ2000年前にイエスが現れたとき、ユダヤの律法学者や信仰の篤いファリサイ派の人々の一部は、新しいイエスの教えを理解できずに、イエスを異端者として十字架につけることに加担してしまった。ブッダのオリジナルに近い教えが新たにもたらされた今、日本でこの過ちを繰り返さないよう、ブッダの教えである仏教とはなにか、原点に立ち戻って理性的に検討する必要があると思われる。

我が国では大乗仏教と初期仏教の対話は避けて通れない課題であると思われるが、一方で、大乗仏教と上座部仏教の安易な習合などをするべきではない。ブッダの法は、修正すべきことや付け加えるべきことはないからである。解脱のための知識はすべて語られていて、完成しているのである。完成された正法に対して、完全な悟りを開いていない人（有学や凡夫）が、勝手に教えを付け加えたり改変することは、多くの人を誤った道に導いてしまい、大変な悪業になる危険性がある。文化や伝統は大切なものであるが、生命を解脱に導く真理より優先されるべきものではない。変えてもよいのは、法ではなく、その運用方法だけである。

(2) 律(vinaya)について

我が国では上座部仏教のことをかつては小乗仏教と呼んでいたが、これは事実誤認に基づく侮蔑であった。私はミャンマーやタイの森林僧院で短期出家修行をさせていただいたが、上座部の比丘やサンガは市民から大変信頼され、心から尊敬されていることを日々目の当たりにしていた。比丘が村に托鉢に行けば、それを目にした市民はすぐに履き物を脱いで喜んで布施をするので、すぐに鉢は一杯になってしまう。比丘が道を歩いているのを見かけると、走っていた車がハザードランプをつけて路肩に停車し、裸足でお布施をしてくれる方も珍しくなかった。比丘の法話を聴くために週末には市民が寺を訪れ、ダンマに熱心に耳を傾ける。ちなみに私が短期出家させていただいた両国の僧院は、どちらも墓もなく、葬式は行わず、檀家のリストさえなかったが、比丘たちがひたすら修行に励んでいるので、篤い信頼が寄せられ、膨大な布施が捧げられ、寺院は潤っていた。タイでは仏教書は布施によって出版され、施本として無料で配付されている。お金のない人でも、最高の知識である仏法は無料でいくらでも学べる社会が実現しているのである。日本円に換算して数百万、数千万円単位の布施も時々あるようなので、僧院には立派なお堂や仏像が並んでいた。もちろん比丘はお金には触れることはないので、布施の多寡には無頓着であり、それぞれ自らの修行に専念している。

なぜ、上座部仏教の比丘はこれほど市民から尊敬され、信頼されているのだろうか。数多くの要因があると思われるが、主な要因として考えられることは、第一にサンガがブッダの正法を護持し続けていること、第二は比丘たちが律を守っていることである。律は、ほとんどの日本人には疎遠なものであるが、上座部の比丘は227条のパーティモッカ（戒律の条文）を月に2回の布薩日に朗唱して、各自で律を遵守できたかどうかを確認している。律は罰則規定もあるので、たとえばパーラージカ（波羅夷）と呼ばれる4つの極重罪を犯してしまった場合には、サンガから永久追放されるという厳しいものである。一方で心の中で懺悔すれば許される軽微なルールまで数多くの幅広い律がある。227の律には含まれていない戒律も原始仏典（長部経典）には数多く記されており、比丘たちは常にこれらを意識して生活をしている。修行生活における戒律の役割はきわめて大きい。戒定慧の三学（戒律を守ることによって禅定があり、禅定があることによって智慧が生じ、智慧が生じることによって解脱に至るという教え）が仏道修行の根幹をなす柱であるため、第一段階の戒が無ければ、正しい修行ははじまらないのである。

このように比丘たちは戒律を守り続けたからこそ、およそ2500年前から今日に至るまで、非常に長期に渡って実際に実を結ぶ修行をすることができ、さらには在家の市民から信頼と尊敬を継続的に受け続けてきたのである。政治体制が移り変わっても飢饉や貧困に見舞われても、比丘たちが布施を受けて修行に専念することができたのは、栄枯盛衰の激しい人間社会の歴史では他に見られない、まさに奇跡的なことである。

つまり、実を結ぶ修行には律が不可欠であり、サンガが信頼され布施が継続するためには律が守られていることが必要である。それゆえ、日本に本物のサンガができるためには、律の導入は欠かせないのである。

尚、ブッダは「瑣細な、小さな戒律箇条は、これを廃止してもよい」(『大般涅槃経』)と語っているので、時代や文化に適合しなくなった細かな律は廃止することは可能である。ダンマは普遍的なので人間の事情で勝手に修正することはできないが、人為的なルールである細かな律は廃止が可能なのである。しかし、上座部仏教は初期の律は変えないと決議してしまったので、この教団が修正することは困難になってしまった。そのため、一度衰退した比丘尼サンガが復興できなくなってしまうなど、問題が生じている。これは日本だけの問題ではないが、日本に律が導入されるならば、乗り越えなくてはならない課題が多々あることは覚悟する必要があるだろう。

さしあたりは、欧米に見られる瞑想センターのような、限られた戒律の下で、在家の修行者が一時的に世俗の生活と縁を切って、集中的に正しい瞑想修行に励めるような、擬似サンガ的な組織の設立の方が現実的かもしれない。瞑想センターができるだけでも、多くの人がダンマを自ら確認する貴重な機会を提供することができ、そこから本物のサンガに出家する人も現れるだろう。

ささやかながら、私の実践としては、富士山麓に小さな瞑想道場をつくり、ブッダの正法にもとづいたリトリートや瞑想会を開催して、正法を学びながら正しい修行ができる場として、ダンマによる苦しみの根本治療を行っている次第である。

⑤ 私の遍歴と修行体験

個人的なことであるが、私は今回の人生で四半世紀以上に渡って求法の遍歴を重ねてきた。学者としての専門は臨床心理学であるが、その他にもさまざまな思想、宗教、学問を学び、修行も体験してきた。しかし、ブッダの正法に出会い、はじめてすべての疑問が氷解し、心の底から安堵したのである。諸々の遍歴があったからこそ、ブッダの法の無二の価値がはっきりと理解できるのである。私の全身全霊の探究も、文字通り、お釈迦様の掌の上であったことを痛感した。ブッダ直伝の修行をしたいと思い、ミャンマーとタイでそれぞれ3ヶ月弱の間、短期出家をして集中的な修行に励ませていただき、一段落の確かな理解を得ることができた。もう二度と遍歴することはない。最後に、このような遍歴と、修行の軌跡の一端を、一事例として簡単に紹介したい。真実の道を求める読者に、なんらかのヒントや勇気づけになれば幸いである。

（1）ミャンマーでの短期出家での体験

2014年1月~3月、筆者はミャンマーにある上座部仏教の森林僧院で沙弥《しゃみ》（見習いの出家修行者）として短期出家修行を経験させていただいた。出家の3ヶ月ほど前に、比丘を通してブッダの純粋なダンマにはじめて触れ、打たれたように感銘を受けた。これまで出会った諸々の思想とは、一線を画したものがあることがすぐに理解できた。しばらく比丘の元に足繁く通って学んだが、観念的な学びに飽き足らなくなり、なんとしてでも経典に書かれているブッダの瞑想法を自ら修行したいと思った。比丘に短期出家の推薦状を書いていただき、それもとに修行者用のビザを取得し、ミャンマーに飛んだのである。ヤンゴンから北へ車で4時間ほどのところにある森林僧院に着くと、挨拶もそこそこに、速やかに剃髪して出家式を執り行ってくださり、授戒した（写真6-1）。

出家してからは、高僧の細やかな指導の下、毎日8時間以上サマタ瞑想（集中型の瞑想）に熱心に取り組んだ。その結果、定力（瞑想の力）は飛躍的に向上し、日本で長年取り組んでいた瞑想とは異次元の集中力が発揮されるようになった。修行を初めて2週間を過ぎたころ、瞑想をしているとまぶしいほどの光と歓喜に包まれ、それが長時間継続し、夜もほとんど眠れなくなった。我ながら不思議な体験であると驚き、数日間高揚感に満たされていた。それはなにかを獲得した喜びというよりは、心が静まり、専一し、一時的にではあるが煩悩が生じることのなくなった清らかな喜びであった。幸いなことに、適切な指導を受けながら修行をしたため、そして原始仏典の記述に照らし合わせることに

写真6-1　ミャンマーの僧院での出家式で授戒する筆者

よって、その状態に執着したり、慢心することを最小限に留めて、さらなる修行を進めることができた。歓喜に満ちた高揚感を静めつつ、指導に従って、ひとつひとつ確実に瞑想のステップを進めていくことができた。原始仏典に書かれているとおりに瞑想修行が進んだことによって、ブッダの法の正しさと正確さを自ら確信することができたのである。この時、今回の人生で生まれてきた目的を一つ達成したと感じていた。

　短期出家による成果はこれだけにはとどまらない。たとえば、出家すれば当然ながら、ほとんど周りは比丘に囲まれており、在家の人と話すことはほとんどなくなる。正しい法（ダンマ）を熟知し、長い間出家して修行に励んでいる人たちと日常的に親しむことができたこと、そして適当なときに正しい法（ダンマ）を聞いたり話し合ったりすることができること（法談義）、熟練した出家修行者に見習うことができること、そしてなによりブッダの正法に基づいた正しい修行に24時間すべてをかけて没入できたことは、出家しなければできないことであった。そしてこれは、人間にとって最上の幸せであると感じた。私がそれまで実践してきたように、日本の世俗的生活でも修行は可能であるが、僧院での出家と同じ質の修行はほぼ不可能である。ミャンマーでの集中的修行の体験は、文字通り「有り難い」ことであった。

(2) 修行成就の縁起

このように、ブッダ直伝の修行をしたいという当初の熱い思いが成就して、一定の重要な成果を得ることができた。なにごとにも因（hetu）と縁（paccaya）があって生じているというのがブッダの縁起の法であるから、ミャンマーでの修行の成就の要因も分析してみよう。外的な要因としては、昼間でも沈黙の支配する森林の中の広大な僧院、ブッダのダンマに基づいた段階的な修行プログラム、修行者の心を見抜いているかのような高僧による的確な瞑想指導、世界中から集まった数多くの熱心な比丘たちと共に修行生活を送れるサンガ、細部から本質的なことに至るまで必要に応じてダンマや瞑想法について指導や意見をくださり時にはフランクに語り合うことを許してくださった先達の日本人比丘たち（有り難い法友 kalyāṇa mitta）、戒律によって秩序が保たれた生活、毎日真摯な態度で托鉢時に食事の布施をしてくれる在家信者たち、僧院に住む畜生界の衆生や諸処霊たち、3ヶ月間の短期出家が許される職場環境（サバティカル［研究専念期間］制度）、等々が思いつく。

一方、内的な要因としては、個人的なことになるが、ダンマに対する理解に基づいた信頼、ダンマへの探究心、ブッダの教えに基づいた出家修行に専念できることへの感謝と喜び、瞑想修行を必ず実りあるものにするという強い熱意と決意、短期間の出家修行でなんらかの手応えを必ず得ようとする強い動機づけ、ブッダのダンマに出会うまでの四半世紀におよぶ求法と探究の遍歴、ダンマに出会う以前の7度の熊野での修験道修行体験、ブラジルでのアマゾン・ネオ・シャーマニズムの修行経験、今生および過去生で積んだ波羅蜜（pāramī）などの善根功徳、等々が考えられる。

このような、内外の多数の要因が因となり縁となり、一定の修行の成果が熟したものと考えられる。一方、修行というのは、やればやるほど次の課題が見つかるというのも事実である。さらなる修行への思いが募ったまま還俗し、帰国後も、世俗生活を送りながらの探求と修行を続けていった。

（3）タイの森林僧院での2度目の短期出家修行

ミャンマーでの修行を終えてから6年後、2020年1月～3月に再び短期出家修行をする機会を得ることができた。今度はタイ北部にある森林派の僧院で比丘出家させていただいた。こちらの僧院は、ミャンマーの僧院に比べるとずっと規模が小さかったが、人里離れた森林のなかにあり、冠婚葬祭は行わず、墓、檀家などもなく、少数の比丘で修行に打ち込んでいる寺院であった。毎朝日の出とともに行う托鉢は、裸足で5キロほど離れた鄙びた村まで歩いて行く。小村でありながら毎日すぐに鉢が一杯になるほどの布施があった。タイにおいても村を托鉢することによって、サンガが深い信心によって支えられていることを毎日実感した。筆者は以前、熊野で毎日十キロの険しい獣道を歩いて礼拝する修験道修行の経験があったので、それに似た感覚が呼び起された（石川 2016）。また、この僧院で真夜中に精霊に出会い、慈悲の瞑想を行うことによってこのような化生とも良好な関係を築くことができたが、これも8年前に行なったシャーマン修行の経験が生かされたように思う（石川 2016）。仏教以外の修行経験も、仏道修行で役立つことがあるものである。

タイの寺院では、ミャンマーの僧院とは異なり、瞑想指導がなかったため、比丘たちは各々自分で選んだブッダの修行法を実践していた。瞑想指導を受けることにはプラスとマイナスがある。たとえるならば、車で移動するか、徒歩で移動するかの違いに似ている。つまり、指導に従って修行をすると、車に乗るかのように一気に上達することがあり得るが、途中の景色を見落としてしまうことが多い。一方、自分で修行のプログラムを考えることによって、徒歩で歩くかのように、進歩が遅くなるかもしれないが、途中の景色によく気づけるように、瞑想に関して一歩一歩自分で確かめ、判断、理解しながら進めることができるようになる。試行錯誤をしているうちに、やがて自分なりの瞑想プログラムが固まっていった。最終的には、毎日次のような瞑想を行うことが日課となった。すなわち、色界禅定（rūpāvacara jhāna）の修習、五蘊（pañca khandha）の無常（anicca）・苦（dukkha）・無我（anatta）の観瞑想、16段階の出入息随念（ānāpānasati）、四無量

写真6－2　タイの僧院で瞑想修業する筆者

心の瞑想（catu appamññā bhāvanā）、天随念（devatānussati）、身至念（kāyagatāsati）、四界分別観（catu dhātu vavatthāna）を修習する。その後は、これらの瞑想で課題を感じたものを繰り返した（写真6－2）。

指導者のない瞑想修行は、徒歩のような歩みで、ミャンマーの時とは味わいが異なったが、瞑想の質を左右する縁起をいくつも発見し、それを科学者のように見定め、因や縁の調整をする日々であった。時間はかかったが、異なる国の異なる僧院に来て、自分なりの瞑想修行ができたことは、修行の自力を増すことができ、大きな収穫となった。そして、ミャンマーの修行の時と同様に、世俗から離れ、比丘として修行だけに集中できる環境にいることによって、瞑想の質がずっと向上することを再体験した。修行による大いなる喜びを再び体験することができた。

おわりに

私は今後も、今回の生涯に限らず、解脱に至るまで、どのような転生をしようとも、ブッダのダンマを拠り所として生活し、修行を続けるだろう。このようなこよなき幸せを、法による歓喜を、澄み渡った理解による確信を、ひとりでも多くの方に味わってもらいたいと心から願っている。微力ながら、そのためにできることをしていきたいと思うと同時に、自らの修行に励むことこそが、もっとも他者のためにもなることを肝に銘じていきたいと思う。

付記

本章は下記の拙稿をもとに、加筆修正を行ったものである。

石川勇一（2021）「ブッダの正法が日本に根づくために」『設立記念コラム「私たちの幸福とは」』、WebSangha Japan Vol. 1, https://online.samgha-shinsha.jp/contents/0d6df8eccdd3, 2021年10月1日閲覧。

参考文献

石川勇一『スピリット・センタード・セラピー：瞑想意識による援助と悟り』せせらぎ出版、2014年
石川勇一『修行の心理学：修験道、アマゾン・ネオ・シャーマニズム、そしてダンマへ』コスモス・ライブラリー、2016年
石川勇一『心を救うことはできるのか：心理学・スピリチュアリティ・原始仏教からの探求』サンガ、2019年
片山一良訳『パーリ仏典 第2期3 長部（ディーガニカーヤ）大篇 I』大蔵出版、2004年
鈴木大拙『日本的霊性』岩波書店、1972年

第7章

日本人のこころと仏教
――現代人における無自覚的超越性――

元愛知学院大学教授
池田豊應

はじめに

精神科の外来で私が臨床心理面接を担当していた20歳の大学生は、相当重症な強迫神経症者であった（池田 1884、第4章）。彼は間断のない疾病恐怖と洗浄強迫、自己不確実感に対処するために、生活信条づくりに追われていた。強迫観念にとらわれないよう「自分を割り切り、自分にいいきかす」ための信念となる標語探しの毎日であった。たとえば「自分を捨てて、ありのままに」「無心になる」「人事を尽くして天命を待つ」「身を捨ててこそ浮かぶ瀬もあれ」「随処に主たる立所、皆真なり」「去るものは追わず、来るものは拒まず」等々である。多くは本などから借りてきたこれらの格言は、生活のある面では困難への対処に有効であったが、そうではない局面に遭遇するとまた次の標語を探さなければならず、ついには「もう自分にいいきかせる言葉がなくなってしまった。あとは本音の自分、あるがままの自分で生きるしかない。」と言うようになった。

「柳は緑に花は紅、これ真面目《しんめんぼく》」とは、唐においてすでによく知られていた禅語である。春には柳が青々と茂り、花はくれないに咲き誇る。自然のあらゆるものは色も形も千差万別であるが、そのいずれもがひとつひとつそのまま真実の現れにほかならない。そこに宇宙の本質をみるのがさとりである。「春に百花あり秋に月あり、夏に涼風あり冬に雪あり、すなわちこれ好時節」（『無門関』）、「松に古今の色なく、竹に上下の節あり」（『五燈會元』）、「春は千林に入る処々の花、秋は万水に沈む家々の月」（『宗門葛藤集』）、あるいは自然ではないが「眼横鼻直」（道元 1200–1253）等々、同様の禅語は枚挙にいとまがない。「あるがまま」とは、そういうことである。

今日の心理療法に関する諸理論や「契約」等の枠組に関する考え方は、大体、輸入されたものである。代表的な精神分析にしてもパーソン・センタード・アプローチにしても行動療法にしても、そうであり、その援助目標としての「洞察」も「成長」も「ストレス低減」も、当然そうである。精神分析療法はまさに自我と自我のぶつかり合いの観があるし、パーソン・センタードとは、西洋的な一個の確固とした個人《パーソン》（人格）を中心にしようとする接近であり、それを超えようとするトランスパーソナルな立場といえども、そのパーソンが大前提になっている。わが国で独自に成立したいくつかの立場も、心理療法としての形態の大枠の中にあるので、心理臨床の理論と技法は基本的に西洋発祥の概念によって構築されているといってよい。

しかし、その枠組みの中で行われている心理臨床の実践は、当然のこととして大抵、日本語によってなされている。どんな言語も、その圏域特有の風土、生活、文化、宗教、歴史、精神性等々が基盤、背景になっていることは言うまでもない。上の例にあげたように、自己不確実なクライエントとはいえ普通の大学生が「ありのままに」「無心」「天命」等々といった言葉を、特別に意識することもなく「自然に」使っている。そうすると、こちら側の援助目標も「反生命性《アンチ・エイドス》による抑止との対決」といった輸入モデルよりも、「そうだね、あるがままでありたいね」というものになっていく。

日本語には、驚くほど多くの仏教用語が入り込んでいる。先の「随処に主と作《な》れば、立処皆真なり」は臨済禅師の言葉である。これはその学生が自発的に語ったのであり、思わず私は「そんな言葉、どこから仕入れたの。」と訊いたくらいである。「世間、一般、挨拶、料簡、勘弁、杜撰、奇特、格好、畢竟」等、比較的知られたものに限らず、「言語、道理、理論、理路、議論、意識、知識、見解、心境、親切、本性、正体、本分、応用、自由、葛藤、工夫、方便、投機、便宜、道具、向上、作用、試験、実験、実地」等々、これらも禅語からきているのである（鈴木 1978、興膳 2011等）。それは、主に明治期に急激に流入した諸学問や諸制度や文化等々に関する西欧語を翻訳するに当たって、彼らがそれまで教養として親しんできた漢籍、なかでも仏典や禅語録にある言葉を流用したからにほかならない。面白いことに、それらのかなりのものが、中国に逆輸出されている。

そもそも仏教という概念の外延自体、きわめて大きい。教養や哲学にとどまらず、その精神性や生活感覚はわが国の文化や伝統のあらゆる側面に浸透している。本章では、仏教の概念をこの広義での、日本人の精神性や生活感覚を構成している仏教的なるものの意味で用いることにしたい。そうすると、現代人の中にあらためて独自の「日本人のこころ」が見えてくるかもしれないし、西洋的概念によって構成された心理臨床の理論や技法を見直すことに繋がるかもしれない。

さらに、私が行っているのは、ごく一般的なカウンセリングであるが、このカウンセリングという西洋由来の対人援助の形態は、「当願衆生　永離《ようり》煩悩　究竟《くきょう》安楽」のための、あるいは「衆生無辺誓願度　煩悩無尽誓願断　法門無量誓願学　仏道無上誓願成」という四弘《しぐ》誓願を具体的に実践する、一システムにほかならない、ということも明らかになるかもしれない。

① あるエンジニアにおける超越

以下に紹介する事例の詳細は、すでに報告したところ（池田 2008）なので、ここでは本章の主旨に即して簡略に紹介していきたい。

彼は50代後半、大学院修了後、ある重工業会社で航空機の開発設計を担当してきたエンジニアで、部下はつねに100人もいたという仕事人間である。昨年、定年で今の子会社に移って以来、仕事も楽になり、ようやく人の気持ちに目がいくようになったが、それまでは怒りっぽくてすぐに爆発し殴ったり蹴ったり暴力をふるったので、妻も子も怯えている。妻は50代の専業主婦。夫婦仲はよくない。長男は20代の専門学校生。長女は高校生。他には妻の母親（70代後半）が近所に住んでいる。

長男は中学入学後、学校を休みはじめ、2年生以降は完全に不登校になった。小学校のころ、いじめられたため同年齢の子とは話せない。その鬱憤を母親にぶつけ「どうして産んだ、みんな親が悪い」といってひどい暴力をふるった。彼はこのときから断続的に精神科に通院し服薬している。17歳時には予備校に入学したものの、ほとんど行けなかった。現在在籍している専門学校も休みがちである。妻は数年前から不眠、情緒不安定で悲観的になりやすく、精神科にかかっている。昨年末には子宮と卵巣の摘出手術を受けた。

（1）第1期：修羅場の修行

約3年にわたって隔週で継続された面接は、はじめの約1年間を「第1期」として期分けしうるが、この間の主な内容は、妻と息子をめぐる家庭内の問題についてであった。毎回の面接は、彼が手帳を見ながら「この2週間も色々ありました。」と語り出すことから始まった。妻に関しては「頑固でこだわりが強い、世界が狭く社会性がない、母系家族で、女の世界を築き男を排除した、今も母親と犬に依存している、好き嫌いだけで理性がない。」と嘆き、息子については「自信がもてず不安が強い、アルバイトも車の免許も、言うだけで踏み出せない、無気力で現実感がない、どうしたらいいのか。」

と困惑していた。娘には安心していられる。彼女は高校生生活や部活を楽しみながら、妻には調子を合わせて支えになっている。

結婚の経緯は「33歳のときの見合いで、すぐに結婚。私は女性に不慣れなんです。女の人と接する機会もなくて、この間も家内が〝何で私と結婚したの〟というので、女を見る目がなかったからだよと言ってしまいました。」とのことであった。

この期は、いちいち書けないが実際、深刻な出来事の連続であった。彼はそれらを何とか冷静に対処しようとしていたが、出口は見えなかった。私は毎回、その苦渋、愚痴や嘆きを受け止めつつ、妻に関しては「主婦というのは大体そんなものだから、そこは十分に受けとめて、いたわるように。」などといい、子どもに関しては父親が本音で真剣に相手をすることの意義を強調し、結婚生活は人間修養の場であるといって支持する応答をした。

(2) 第2期：僥倖の自覚

この期は、翌年3月までの約5か月間である。この間は、波風はあっても全般に、妻と息子は平穏な状態が続いていた。話題は自身の来し方を振り返るものになっていった。

「私自身、自分の人生を切り開いてきたんだなあと最近よく思うんです。まさにヒコーキ屋人生でした。高校時代は勉強もできなくて、ほとんど最下位でした。それが高3のとき偶然、新聞の小さな記事が目にとまって、希望の航空工学科が意外な大学にあることを知った。この学科はどの大学も難関ばかりなので諦めていたのが、思わぬ穴場を見つけて、実際そこに入れたのは本当にラッキーでした。もしあのとき新聞を見てなかったら、その後の人生は完全にありませんでした。修士を終えたときもやはり偶然が重なって、望んだ会社に入ることができ、それから30年、左遷されたり戻されたり色々ありましたが、ずっとこの道一筋でやって来ることができました。こうでなかったら、どんな人生になっていたのか想像もつきません。そういう点で、息子はどう生きて行ったらいいのか。親としてどうかかわっていったらいいのか。単純に私のことをいっても、彼には過大な要求だと思います。」

「私は中学のときから、これをやりたいと思っていました。実際やってくることができて、よくぞこれまでと思います。夢のようです。同期入社20人のうちでも、これをやれたのは私ひとりですし、今だにやっているのも私ひとりです。こうやって仕事をやって来られたのだから、家庭のことは仕方がないかと思います。家内はどうにもならない。娘は何とかなるだろうけど、息子は重症ですよね。まあ何とか人に迷惑かけずに生活できる程度になれないか。以前、小児麻痺の子をもつ親御さんを見て、大変だなあと思いました。そして俺も同じだなと思った。息子は最近も仕事を2日で辞めました。悲しかったです。やっぱり重い心の病気ですね。息子も小児麻痺で歩けなくなったのだと思うようにしようと思いました。そう思えば、この正月も平和に過ごせました。家庭に陽が当たらないのは辛いですが、自分は好きなことをして来られたんだから、まあしようがないかと。息子が不登校になったときには、とてもそんな風には思えませんでした。まったく理解ができませんでしたから。」

「この春、娘は高校を卒業して大学の入学式までの間、アルバイトをします。しかしそのために、なかなかアルバイトにも出られない息子は調子が悪く、どうしたらいいか先生に訊いてきてほしいと妻と娘からいわれまして……。息子は娘に劣等感を持っています。以前にはバットを持って娘を追いかけたことも。彼は壊れてしまうのではないか。世間に時折あるような事件を起こしてしまわないか。」と彼は自問するようにつぶやいた。

私が「娘さんはアルバイトをしたらよいし、彼には、しかし妹に刺激されて焦る必要はない、専門学校も卒業できそうだし、自動車の免許も取れた、自分なりのペースでゆっくりいけばいい、いつも応援しているんだよ、と親の気持ちを率直にお話しになることが大事だと思います。」というと、彼は「言いますわ。これは父親の仕事だと思います。これは私しか言えない。すぐに言います。」と答えた。「先生のいわれる親の失敗談を語れというのも、この前、大部やりました。左遷されたり、失敗の連続で味わったどん底のことを話しました。息子は世間が怖いんですね。本当に怖くて気楽にやれない。」

第2期は、彼がその半生を振り返り、その僥倖の自覚と引き換えに、家族の問題を何とか腑に落ちるものにしようとしていた。

（3）第3期：積極思考

「最近、大事なのは〝何とかなる〟という〝プラス思考〟だと気がつきました。私は若いときからそれで来たのだと再確認できたんです。3年前の家内の手術のとき、私は病院中付いて回って世話をしました。その最中に私の母親が亡くなって葬式を出し、資格試験もありましたし、定年後の就職先は決まってなかった。それらをひとつずつ乗り切って来たんです。再就職には部長連中が動いてくれて、今もこうして現役のヒコーキ屋でいられるんですから幸せですね。それとやはりあの大学進学のこと。新聞の小さな活字が目に入って、〝あ、こんなところがあったのか〟と自分の目を疑いました。そこからずっとヒコーキ屋人生を歩めて、本当に有り難いことです。神に導かれたとしか思えない。奇跡ですよね。そういうプラスファクターは万人に与えられている。だけど、ほとんどの人は気付いていない。

それでも、いささか疲れがあるんです。この疲れを解決して、どう乗り越えて行ったらいいのか。息子と娘は何とかなるとして、あとは家内ですね。昨日、会社の懇親会で、先輩と話していて、〝この半月、妻と外国に行っていた、いつも一緒なんだよ〟と聞いて、いいなと思いました。せめて5年後には家内と海外旅行に行けないか。去年、永年勤続賞で息子とアメリカに行ったときも、本当は家内と行きたかった。旅行に行くのは普通の元気さですよね。それができない。若いときからそうでした。新婚時代、海外に転勤したとき、家内は宿舎にいるだけだから、どこかに連れ出してやろうとしたら、怒りだした。そういう食い違いがあって、なかなか私に付いて来られない。お義母さん譲りの男に付いていくのは嫌だという抵抗がある。

娘はこれから大学ですから、私もまだ働かないといけない。そのためにはこころが元気でないといけない。この間も新しい技術の資格を取りまして、努力はしているんです。ですが、何か手詰まり感がある。こういうときに神を信ずることが大事ですね。潜在意識に言い聞かせると、その呼びかけに宇宙が応えてくれるという。本当にそう思います。」

長男のアルバイトはなかなかスムースにはいかなかった。それを嘆きながらも、彼は次の面接で次のように述べた。

「この前ある本を読み返していたら、この本は以前、息子にもプレゼントしたのですが、ちょうど息子もその本を読んでいて、それに勇気づけられるといったのでびっくりしました。〝信念があれば、未知の世界も冒険と活力に満ちたものになる〟といった言葉があって、〝アルバイトも専門学校も未知への冒険だね〟といった話がじっくりできるようになった。世間を知らなさすぎるけど、彼は人間としていい男だと思います。その意味で家内を超えています。

家内は自己回復力が弱すぎる。自分で解決する努力をしない。考え方は大分大人にはなりましたが、私が望む戦友にはなってはいない。体の調子が悪くて色んな検査はしていますが、根が深くて体の問題よりこころが関係している。家内にも本を読んでほしいと思って渡したら、こんなの目が回るといって突っ返された。なかなか乗ってこないので、どうにもしっかりと繋ぎ止めることができない。昔、本社に単身赴任したときも、私の下宿に1回も来なかった。そのくせ、もの凄い心配性で、以前、私の帰りが遅くなったとき、家内は私が倒れたと思って大騒ぎして、喪服まで用意したくらいですからね。

娘は元気に大学生生活を送っています。彼女には華がある。社会を見る目が身に着いていて、友だちや先生ともうまくやっている。

私自身、人生の目標をはっきりさせました。60歳の定年後には、やはり専門技術の教師になりたいと。」

この時期、彼は家族の現実に目をむけ、行き詰まり感を覚えつつ、プラス思考で将来を探り、息子にも希望をもとうとしていた。

(4)第4期：人生の原点

「定年後にむけて動き始めました。前の定年時には時機を失したので、今回は早めに人事に希望を出したんです。今、私は念じています。プラス思考の法則は宇宙に祈ること、潜在意識が宇宙意識に通じる、それは神秘主義ではなくて科学だという。私には何回も挫折と成功、紆余曲折がありました。例の大学進学のときの奇跡のようなことが、ほかにも何回もありました。今度のこともきっとうまく行くだろうと思っています。」

「先週、本社の部会で講師を務めたのですが、話の中で私の人生目標についても触れたら、帰りに部長からその夢を実現するための作戦会議をしようと飲みに誘われました。本当に有り難かった。人生は遥かです。そこを信じていることが大事ですね。

自分の人生に感謝しています。まずは両親に、教育を授けてくれて大学院まで行かせてくれた。またそのあとの運の巡り合わせがすごい。山あり谷ありで、その都度這い上がって来られた。諦めずにやっていれば回復できる。宇宙の力、神の力を信じます。あらゆるものに感謝です。息子や娘、家内にもです。家内も大分よくなってきました。こうやって相談させていただいて、色々考えて、それがだんだんと実を結んできました。先生と話させてもらうことで、ものを見る目が充実してきました」

夏休みに彼はひとりで関西の有名な神社に出かけ、「お百度参り」をして、祈祷してもらった。小さい頃、彼は体が弱かったので、母親がそこによく願掛けをしてくれたものだった。息子が不登校になったとき、彼もそうした。それは、驚いたことに、もう2、30回にもなるという。「あそこは特別、霊験あらたかです。人々の願いが渦を巻いて天にまで続いている。夢の実現に向けて自分なりに努力しました。あとは一心に祈るのみです。会社の行き帰りには毎日、熱田さんに祈っています。熱田の杜は鬱蒼として霊気が漂ってますね。」と言いつつ、彼はまたその半生を振り返った。

「この10年、私自身は充実していました。大きな財産を得ることのできた10年でした。心の財産です。家庭は破綻しましたが、なんとかここまで来られた。この10年、一生懸命にやってきて、両親も亡くなり、お墓を建てて、ここに根を下ろした。あとは60歳以降の第二の人生です。努力を続けていれば、息子も私の背中を見てるに違いない。家内もいつの間にか私の希望を受け入れているようです。息子には人生のことを伝えたいと思って、話し合っています。本人も応えようとしています。彼の回復を待ってるだけではなく、人生のことを積極的に教えていかなくてはいけない。

先日のお盆に、お寺のお施餓鬼で両親の冥福と家族の健康を祈っていたら、床が揺れたんです。地震かと思ったが、これは願いが聞き届けられたのだなと感じた。今までもこうしてヒコーキ屋になれて少年時代からの夢が叶ったり、色々聞き届けられてきたから、今後も聞き届けられるだろうと思います。」

「本には、祈りとは任せること、祈れば宇宙が必ず実現してくれる、とある。祈りによって宇宙の力と合体できる、宇宙の無限の原動力と繋がることができる。私の命は宇宙の命ですよね。木も虫も風も人間も皆、宇宙の生命です。それが自分に流れている。だから私は皆と共にいる。宇宙の中で孤独ではない。大きな力がわれわれを守っていてくれる。それで祈っているんです。両親にも祈っています。母親の死に目には会えませんでしたが、この辺にいるような気がして、願いを聞いてくれるような気がします。私は長男なのに一緒に暮らせなくて、申し訳なく思っていました。家内があの調子ですから、私の想いの十分の一もできなかった。20年くらい前から毎晩電話を掛けるようにしました。

毎日1、2分でも声が聞けると安心でした。相手はいつも母親でした。宇宙生命の考え方からすれば、死後の世界もありうる気がします。母が亡くなったのは3年前の12月で、このとき私は定年後の行き先がなくて困ってましたが、なかなかうまくいかなかった。社内でも皆、心配してくれてましたが、なかなかうまくいかなかった。そそれが1月になって急に決まった。

「祈るだけではなく、感謝することと信じることが大事ですね。あの本は読めば読むほどすごい。リンドバークの大西洋初横断の飛行機には白い亡霊が乗っていて、彼を導いてくれていた。実は、私が小学校のとき、はじめて買ってもらった本が『翼よ、あれがパリの灯だ』だったんです。それが今のヒコーキ屋になろうと思った夢の原点でした。

全体的には幸せなほうに行っていると思います。こういう宗教性って大事ですね。私は技術屋ですから、若い頃はそんなこと思ってもみませんでした。今ではそれが私にとって一番大事だと思います。先日も娘と外出して、すごく幸せでした。10年前は本当に苦労してました。息子は家庭内暴力でひどく荒れていて、家内は混乱し、娘が哀れでした。娘はそのころ欲しがっていたゲームのソフトを買ってやったときのことをよく覚えていて、その小学生だった娘が大学生になった。10年たって、ここまで来たんだと感慨深いものがあります。ここにきて、あのときの大変さがあらためて認識できます。去年はまだ息子はバットを持って娘を追いかけたりしてました。家内はまだ時々不調になります。先日も大変なことになりました。私が反論したのがよくなかったんです。家内には私への感謝の念は全然ない。でも、私も家内に対する感謝の念に欠けている。彼女は家事をそれなりに一生懸命やっている。やりすぎて疲れて、私に当たってくる。だけど私ももっと家内に感謝しないといけない。そう思っていたときに、その事件が起こった。わかっていながら、なかなかできない。私も未熟です。もう少しうまくやれないものかと情けなくて、飲みに出かけました。」

この期は、彼が以前からのテーマをさらに進展させて、自身の過去を統合し、外に向けて積極的に活動しながらより内面化を深め、また超越的次元により開かれていったことによって特徴づけられる。

(5) 終結期：天の導き

正月休みをはさんだ新年の面接で、「このひと月に劇的変化がありました。教員の話が決まったんです。」と語られた。応募していた地方の専門大学校であった。「連絡があったのは、この前ご相談に来た翌日でした。面接にも行って本決まりです。3月からの赴任です。技術屋としての私の経験を若い人たちに伝え、夢を広げたいと思って努力したことが報われました。宇宙の力、天の導きを感じます。社会への恩返しをしようと思っています。今まではビジネスだけで精一杯で、そんな余裕はありませんでした。家内に、とりあえず単身で行くけど、来られるようになったら来なさいねといったら、嬉しそうに行く行くと言ってました。」

定期的な面接はこの回をもって終わることとし、あとは必要があればその都度、連絡をもらうことになった。その後、連絡があり、10月半ばに最後の面接が行われた。

「3月赴任で慌しく、前期は戦闘状態でした。授業がたくさんあって、準備が大変でしたが、最近ようやく落ち着きました。息子はまあまあで、アルバイトも継続中、もう1年半になります。家内は7月半ばにあんなに可愛がっていた犬が死んで、なぜかそれから元気になりました。落ち着いてきて生活が現実的になりました。私が弱気なメールを送ったら、〝体を壊しては何にもならないから、いつでも辞めて帰ってきて下さい〟と返してきた。私のほうに近づいてきました。娘も運転免許を取ったので、3人で遊びに来たらと言っています。

ひとりひとりの人生ですから、全部私が引っ張っていくのは無理ですね。環境を整える努力はしますけど、あとはそれぞれに任せるしかないですよね、運というか天に。私がこんな風になってきたのも天がくれたプレゼントですね。30数年忙しくやってきて、新たな生活もしんどいけど楽しいです。これは私自身の人生の休日です。男の休日ですね。

この新任地は信仰の土地です。至るところにお寺や神社やお墓があって、神々を身近に感じます。皆ご先祖たちと一緒に暮らしているんですね。魂を揺さぶるような感動的なところが一杯あって、すばらしい仏像たちにも出会いました。大自然の風景がものすごく美しくて、命が洗われる想いです。家内が観光にだけでも来てくれたらいいなと思います。」

②　仏教の視点からの考察

　この事例は、困った妻と息子を何とかしたいと願って、来談した。そして約3年後には「努力はしますけど、あとは任せるしかないですよね、運というか天に」という心境に到達した。天に任せるとは、言いかえれば「あるがまま」ということである。そこにこそ宇宙の真実があると体解《たいげ》（体でわかる、体得実感）したのであれば、さとりを得たということになる。大悟徹底とまではいかなくとも、小悟を得たとは言えるであろう。そうだとすれば、はじめに述べたように、カウンセリングとは「当願衆生　永離《ようり》煩悩　究竟《くきょう》安楽」のための一システムであると言えることになる。無論この「安楽」は安楽椅子の安楽ではなく、「衆生無辺誓願度」の「度《ど》」（さとりの世界へと渡ること、すくわれること）による安楽である。

(1)　超越と自己

　カウンセリング（臨床心理面接）とは、問題解決のための方法ではない。病気治療や健康増進のためでもない。その目的は、内面化、つまり自己自身に問いかける姿勢を獲得することにある。それは自己の人生を見つめることにほかならない。人生とは歴史であり、時間である。彼ははじめて買ってもらった本から抱いた少年の夢を数十年かけて全うした。彼の健康を祈って母親が願掛けしたお百度参りを彼もまた息子のために2、30回もした。彼の妻も家系の宿命を背負っていた。

自己の人生を見つめることは、自己の存在の意味を問うことと重なる。それは必然的に「超越」の領域に入り込む。超越とは文字通り「超えること」「非連続の連続」である。生まれてきたこと自体、無から有への超越であり、死はその逆の超越である。この超越の問題一般については、すでに検討したところ（池田 2006）であるが、心理臨床に関しても超越の問題は、さまざまかたちで絡んでいる。たとえば、アルコール症等の自助集団では、依存が断ち切れないのは超越的宿命によるのであって、決して個人の意志が弱いからではなくて天が悪いのだという形で、初期から逆説的にそれを利用しようとするし、障碍児の親の「障碍受容」の経過においては、はじめは絶望して神も仏もあるものかと恨んだ天命を何年かのちには「私たちのところだからこそ、この子が生まれてきてくれたのだ」として神仏に感謝さえできるようになる。この転換は臨床家にとっていつも感動的である。

超越のテーマが、この事例のように、いわば「個別的生命が宇宙的生命の分与であることの自覚」として現れてくる場合には、そのような体験は積極的に支持されるべきである。このような超越性によってエンパワーされることの自覚は、自己存在の根源的必然性を保証するからである。

自己とはいわば、閉鎖系ではなく開放系である。自己は状況にも他者にも、過去にも未来にも、身体にも深層にも、世界にも宇宙にも、宿命にも可能性にも、そのほかもろもろに開かれている。この開かれた状態を「超越」面とすれば、自己とは、このような超越を内在化させ続けている働きである、あるいは、その超越と内在を可能にさせる境界そのもの、ないしはそのような境界設定それ自体のことである（木村の一連の自己論 2001を参照されたい）。

自己が自己として成立するということは、世界や宇宙に開かれた、主客未分の世界合一的純粋経験を今ここへと収斂させ、「ほかならぬ私」としてその瞬間ごとに自己還帰し内在化し続けているということである。

（2）「自性」

このような世界への超越の面と自己への内在化の面とからなる自己成立の動きは、個人の意志や努力でそうしているのではなく、いわば先験的に、絶対的受動態としてそうなっている。おのずから「みずから」になっているのである。先験的受動として、個人の能動、自主性、自発性が成立している。

この受動をさす「おのずから」も、能動をさす「みずから」も同じ「自《から》」の一字で表わされる。この「おのずからにしてみずから」であるという「自」のあり方こそが仏性なのである。実に、仏教の真髄はこの「自性《じしょう》」にある。自性が自性のままに現われてくるのが「自然」である。「おのずから、しからしむ」ということである。花も月も自然であり、自己も自然である。「自由自在」とは、この自性に由って、おのずから在る、つまり存在が存在している、という意味である。それが、あるがまま　ということである。「無一物中無尽蔵、花有り月有り楼台有り」（蘇東坡 1037-1101）である。禅がもっとも重んじている要点はこのことの体解にある。

ロジャーズ（1902-1987）は単純に、「宇宙の形成傾向」が個人の「実現傾向」として現れると言う。このような先験的事態が自然に進行しているときは、当然それ自体が意識されることはない。しかし、たとえば精神的に非常に疲れたときとか思春期に自己が対象化され、自己に隙間が開いたりすると、自己成立の両面は分離し違和化することになる。自己の働きの超越面が、外側に投影され絶対的なるものとして形をともない、それによる「お加護」「お蔭さま」ないしは恩寵、啓示などとして自己にかえってくれば、そこに意識化された宗教的体験が成立する。つまり、自覚された超越的、宗教的体験とは、存在論的自己成立の相似形として心理学的に説明されうる。超越的、宗教的体験の「原図」は、超越を内在化させるということにおいて自己が自己として成り立っているという働きにあるのである。

だから、自己を超えた体験を支持することが、自己存在を保証することになり、心理支援としての意味が成立する。さきに「自己存在の根本的な必然性の自覚を保証する」と述べたのは、超越的な体験が単に自己愛的、自我肥大的に自己を増強するというようなことではない。むしろそのように病理的に固定化されがちな自己に対して、超越と内在化の生き生きした相即的流動を促すということである。それによって自己は思い込みや執着から開放され、豊かな生命的活力に満たされ、万物を愛《いつく》しめる優しい気持ちになりうる。ひとことでいって人間的成熟が可能となる。内観療法や森田療法、禅セラピーなどは、このようなプロセスを体験するために制度化された技法であると見ることができる。

(3) 日本人と自然

彼は「祈りによって宇宙の力と合体できる。宇宙の無限の原動力と繋がることができる。私の命は宇宙の命です。木も虫も風も人間も皆、宇宙の生命です。それが自分に流れている。だから私は皆と一緒。宇宙の中で孤独ではない。神が守っていてくれる。両親もこの辺にいて、願いを聞いてくれる気がする。宇宙生命の考え方からすれば、死後の世界もありうると思います」と言う。ここでは、神も仏も、天も自然も、運も偶然も、願掛けも、死者もあの世も、祈りも感謝も、あらゆるものがくりこまれている。

このようなあり方は、西洋的宗教学概念によっては捉えられない日本人の独特な超越性とのかかわり方である。たしかに、神も仏も先祖も霊魂も、大自然も宇宙的生命も天命も、等しく超越的なるもの一般である。「神」はこのような超越的な「上《かみ》」一般に由来するという(渡部 1989)。これらすべての自己をはるかに超えた大いなる存在性に、日本人は崇高さと畏怖を感じ、自己存在の「有り難さ」や幸福に感謝しえてきた。ユング(1875–1961)が強調したヌミノースムとのかかわりは、日本人にとっては自然の移ろいの折々に感受されるむしろ日常的な感覚であったであろう。山折（1990）は、正岡子規（1867-1902）が前庭の自然のうちに自己を見、夏目漱石（1867-1916）が徹底的な自己凝視の果てに則天去私の観念に至ったところに、日本人の宗教性の本質をみている。自己が自然であり、自然が自己である。中間子理論の発想を荘子の思想から得た湯川秀樹（1907-1981）は、日本人のこころには山川草木全体を貫く生命感があり、それによってどんな災難にもめげない人生肯定的態度を持ち続けてきたという（1966）。

日本人は豊穣な自然の森羅万象のうちに生命性を感じ取り、それらとの一体性のうちに自己もあるというあり方をしてきた。死者ともそうであった。死者が成仏し、先祖となるには、子孫縁者が冥途の旅の資糧を供養し、死者に代って善行功徳を積む必要があった（伊藤 2001）。この世の者はそうしてあの世への応援を送り、それによって祖先の加護を享受するという共同性のうちにあった。仏壇も墓も現世における死者の居場所である。そこにお供えをし、手を合わせて死者たちと内的対話を交すことは、生者自身の存在理由の、それこそ「超越論的な」絶対的根拠を保障するものとなりえてきた。かつて「家を絶やさない」ようにしたのは、現世的欲望というよりは、生者があの世に行ってからの、自身のこの世での居場所を確保するために不可欠なことであった。以上の過去形で語ったことは、半分くらいは現在完了形（現在までの継続）の意味をもっている。実際、われわれの事例は、最後の勤務地の地方にはそうした風土が色濃く残っていると語っていた。しかし、「子どもに迷惑をかけたくないから」仏壇を始末し墓じまいするといった今日的風潮は、確実に現代が新たな実存の危機状況に陥ろうとしていることを示している。子どもにとって、それらは迷惑なのではなく、自己の存在根拠と必然性を明証する場であるから、それを無くすことは、自己のルーツとファミリー・ヒストリーを抹消することにほかならないからである。

（4）根源的生成性

個別者としてのいのちが尽きたとき、その個人が生まれてきた「大もと」の根源、つまり宇宙的な大なるいのちの流れ、にふたたび帰り、合一化すると考えることができる。だから葬式の白木の位牌には戒名の上に「新皈（帰）元」（新たに元に皈《かえ》る）と書くのである。この大なるいのちの大もととは、あらゆるものを生み出し、存在させ、消滅流転させる根源的生成性である。動物や植物だけではなく、大宇宙や天体をも産出し消滅させる。それがさきに述べた「自性」である。「存在」の根拠はこの自性という「生成」にある。そして「自分」としてその分けまえにあずかっているのが自己である。自己はこの身体として個別のいのちを与えられているが、その生成の必然として「病・老・死」は免れ得ない。必然であるからには、「死ぬる時節には、死ぬがよく候」（良寛 1758–1831）である。死してまた、いのちの大もとに帰っていく。そしてそこからまたいろいろな個別的ないのちが生まれてくる。こうして、私のいのちは自然の森羅万象、あらゆるいのちと繋がっている。だから「ママはあの星になるんだよ」という言葉も「この蝶はあの人の魂かもしれない」という言葉も、決して荒唐無稽ではない。直接に連続した化身ではないが、そういう「ご縁」で繋がっている。

かくして生命は循環している。それは「自然」の大ライフ・サイクルであり、「ゲシュタルト・クライス」（v．ヴァイツゼッガー）である。禅ではこれを一筆の円で表す。天、人、修羅、畜生、餓鬼、地獄という六道「輪廻」「転生」も、このような大ライフ・サイクルのひとつの具体的表象と見ることができる。

西行（1118-1190）の「願わくは／花のしたにて／春死なん／そのきさらぎの／望月の頃」に多くの日本人は親しみを覚える。私という個人は死ぬが、花は咲く。個人は消え、桜は満開となり、満月となる。「月の光は仏の光の暗喩」（大角 2021）である。我が滅して、永遠と一体化する。そこには我執を離れ、向こう側に立つという立場の反転がある。「色」（具体、具象、有限）即、是「空」（自性、永遠、無限）であり、空即是色である。こちら側に立つことをやめれば、あちら側の「永遠」があらわれてくる。その永遠、無限の側からみれば、自我は一時《いっとき》の夢、迷妄である。そこまで「体解」はしていなくても、多くの人はそのことをなんとなく「体感」はしているのではなかろうか。ちなみに「花は咲く」は東日本大震災からの復興の歌のメインフレーズであった。ここに日本人のこころを見ることができる。

事例の彼は日本の代表的産業のテクノクラートであった。自然科学技術の最先端のエリートである。

自然科学的原理が支配しているような職業に携わっている人は、ここに述べてきたような考え方を受け入れない人も少なくない。実際、彼自身も「私は技術屋ですから、若い頃そんなことは考えもしませんでした」と語っていた。自然科学はこちら側の内部においてしか成り立ちえず、その同一律原理（1＝1）の論理から絶対に外れることはできない。1＝0への「立場の反転」は一瞬たりとも不可能である。どこまでも我執を捨てられないのである。しかし宇宙の存在は生成という超越にあった。自己もまた超越であった。この超越可能という人間だけに与えられた能力を遮断して、自然科学原理に執着したまま人生を終えるのは、あまりにも偏狭で不幸なことといわなければならない。

ただ、そのような人でも、一皮めくれば、あるいは何らかの危機的事態に遭遇して、より深い心層が揺らされると、あちら側に触れられることを彼の例は示している。我執のこちら側で頑張りながら、やはりなお、あちら側とのひそかな親和性をもって生きているのが現代人のこころというものであろう。これ以上、ここでは「宗教と自然科学の関係」のテーマに立ち入ることはできないが、人間が身体存在として「死すべき自己」である限り、前者が後者を包摂する関係にあることだけは確かである。

おわりに

仕事の鬼で暴力亭主であった彼が、あらゆるものに感謝し、これからは恩返しをしたいと述べるような、仏の顔になった。相談室が四弘誓願実践の場であるといっても、カウンセラーが彼をあちらの側へ「度《ど》した」のではない。そういう発想ならば、それは西欧の精神療法論と大して変わりはない。つまり相手を対象化し診断し、操作して治療し、変容させ救った、ということなのではない。カウンセラーができるのは、ひとびとが「度される」よう、「誓願」することである。私がこれまで木村敏（1931–2021）やビンスヴァンガー（1881–1966）、ブランケンブルク（1928–2002）らの現象学的人間学に、技法的にはロジャーズに共感を覚えてきたのは、これらがこのような「誓願」の姿勢にもっとも近いと思われるからにほかならない。

今回は「仏教」をキーワードに、普段思っていることをまとめる機会を与えられたことに感謝申し上げたい。

参考文献

Binswanger, L. 1947 *Ausgewählte Vortrage und Aufsätze. Band I Zur Phänomenologischen Anthropologie.* Bern: Franke.（荻野恒一・宮本忠雄・木村敏訳 1967 現象学的人間学　みすず書房）

Binswanger, L. 1957 *Schizophrenie.* Pfullingen: Günther Neske. 新海安彦・宮本忠雄・木村敏訳 1960, 1961 精神分裂病Ⅰ、Ⅱ　みすず書房

Blankenburg, W. 1971 *Der Verlust der natürlichen Selbstständlichkeit. Ein Beitrag zur Psychopathologie symptomarmer Schizophrenien.* Ferdinand Enke, Stuttgart.（木村敏ほか訳 1978 自明性の喪失——分裂病の現象学——　みすず書房）

池田豊應　1984　青年期危機への現存在分析的接近　村瀬孝雄編　講座心理臨床の実際8　青年期危機の心理臨床　第4章　福村出版
池田豊應　2001　人間学的心理学　ナカニシヤ出版
池田豊應　2006　超越と人間性――序論――　人間性心理学研究，23（2），1―12
池田豊應　2008　現象学的・人間学的サイコ・セラピーのケース　伊藤義美編　ヒューマニスティック・サイコセラピーケースブック1　第2章　ナカニシヤ出版
伊藤唯真　2001　日本人と民俗信仰　法藏館
大角　修　2021　仏教百人一首――万葉の歌人から宮沢賢治まで――　法藏館
木村　敏　2001　木村敏著作集1～8　弘文堂
興膳　宏　2011　仏教漢語50話　岩波新書1326
山折哲雄　1990　日本人の宗教性　宇沢弘文ほか編　岩波講座・転換期における人間9　宗教とは　岩波書店
湯川秀樹　1966　末川博・桑原武夫・湯川秀樹・梅原猛　現代の対話　雄渾社
渡部昇一　1989　日本史から見た日本人　古代編――「日本らしさ」の源流――　祥伝社

あとがき

仏教と聞くと、どのようなイメージが浮かぶでしょうか。

日本のお寺は、ずいぶん昔から葬式や法事を執り行う役割を担ってきました。なので、日本の仏教のことを「葬式仏教」と呼んだりすることがあります。これはあまり良いイメージではありません。生きている人には関係のない、亡くなった人のためのもの、といったニュアンスが込められています。それに、死の儀礼を中心としていることから、暗い、重くるしい、古めかしい、といったイメージがつきまとっているようにも思います。

亡くなった人を偲び、供養することは、人間にとって大切な営みには違いありません。とはいえ、人間はいつでも死者のことを考えているわけにもいきません。今日もまた生きていかなければならないのです。

仏教は、悩みや不安を抱え迷っている、そうした生きている人のためにこそ、向けられるべきでしょう。生きている人の心の問題を扱うことこそ、仏教の本来あるべき姿なのです。ところが、日本のお寺はそうなっていないのが実情です。昔から変わらないシステムに乗っかっているだけで、現代を生きる人々の心の悩みにきちんと答えられているわけではないように見えます。このままでは仏教のイメージはますます悪くなるばかり、いずれはホコリのかぶった歴史の遺物として忘れ去られてしまうことでしょう。

と、このように書いてみて、ふと思ったことがあります。こうした仏教のイメージは、ひょっとすると、私自身が日本のお寺に生まれ育って、世襲的にお坊さんになったために感じられることなのではないのか、と。

結局は個人のイメージにすぎない、と言ってしまえばそれまでなのですが、世間一般では、日本の各宗派のお寺やお坊さんと、仏教そのものとはつながっていない、実のところ異質なものとして感じられているのかもしれません。振り返ってみれば、本書の執筆者の方々は、日本の伝統的なお寺や宗派といったものには縛られておらず、かなり自由な立場で仏教を理解し、実践し、語っています。なので、いったん仕切り直しをして、別の角度から仏教をとらえ直してみる必要があるようです。

ちょうどマインドフルネスのブームが日本にやってきた2010年代半ば、その頃「仏教をアップデートする」というフレーズをよく耳にしました。仏教の中身を、パソコンのソフトウェアを更新するように、時代の変化に合わせてバージョンアップしていく。こうした発想はマインドフルネスがIT関連の企業を中心の場として広がっていった状況を反映しています。

アップデートとかバージョンアップという言葉からは、仏教をまったく新しい視点からとらえて変えていこう、という意気込みが伝わってきます。これはブッダが生きていた頃の仏教のあり方に戻していく、ノスタルジックな原点回帰とは少し違うように思います。一つには、上座部仏教と大乗仏教といった区別、日本仏教の場合では様々な宗派に分かれて複雑になっている状況を、ひとまずゼロの状態に戻して、ボーダレス化した上で、改めて「仏教とは何か」を再構築していくことを意味しているようです。

そのためには、悟りを通して現れてくる「智慧《ちえ》」ということをはっきりさせていく必要があるのでしょう。少し前に、大乗仏教はブッダが語ったものとかけ離れているとする大乗非仏説というのが再熱していましたが、これなどは「智慧」のあり方が何なのかが見えないことから起こった不毛な議論のように感じます。

本書が提供している仏教と心理学とのコラボレーションもまた、「仏教をアップデートする」一つの試みとして位置づけることができると思います。これは言い換えれば、現代を生きる人々の悩みや苦しみが表出する場面において、仏教のもつ「智慧」がどのように活かされるのかを示すための試みであるとも言えるでしょう。

ただし、このように考えていくと、心理学の視点は本当に必要なのかという思いが起きてきます。科学主義に立った現代の心理学には、「智慧」を見出すことはできません。そもそも仏教と心理学では、その成立基盤がまったく異なっています。心理学によって仏教を科学的客観的に分析し調査してみたところで、仏教の実践には程遠いことでしょう。

とはいえ、心理学が臨床現場において応用され、心理療法や心理カウンセリング、それから心理支援の方法となって現れるときには、「臨床の知」もしくは「実践知」というものを必要とします。そうした知を身につけていなければ、自身や他者の悩みや苦しみ、悲しみに向き合い、寄り添うことはできないからです。このような「臨床の知」には、科学主義を超えて、生命の本質に直接にふれるところがあり、仏教の「智慧」と通ずるものがあると私は考えます。そして、そのような知の協同において、仏教心理学の本来の方向性が見出されるのではないかとも思うのです。

その一方で、仏教の「智慧」に立ち返って、もう一度日本の仏教について見直してみるときには、改めて日本的スピリチュアリティとして脈々と流れている「いのちのつながり」という感覚を掘り起こすことができると思います。それは、死者とともに生きる、死者からの呼び声を聞く、といった感覚でもあり、歴史的生命としての共同性への目覚めであると思うのですが、日本人はそうした感覚のもとで、「いのちをいただいて、今ここに生きていることに感謝する」という独自の精神性を培ってきました。日本の仏教が、形骸化した死の儀礼のイメージを払拭して、現代を生きる人々の心の悩みと真剣に向き合うためには、このような精神性から再び立ち上がることが必要であるように思います。

本書を企画した背景には、少しばかりそんな願いも込められています。

本書が生まれたのは、日本人間性心理学会の機関誌である『人間性心理学研究』の第38巻2号（2021年3月発行）で組まれた「特集：仏教と人間性心理学」が始まりでした。この時、私は機関誌の編集委員の一人で、編集委員長であった池田豊應先生（本書の執筆者の一人）から特集の担当を任され、企画案を練るように勧められました。

この特集は、コロナ禍の真っただ中において進められたので、当初はなぜこのタイミングで、という思いもありました。しかしながら、この特集の企画を進め機関紙に発表することによって、むしろこのタイミングだからこそという思いを強くしました。それは、今思えば、コロナウィルス感染症の流行をきっかけに、社会不安がますます広がっている現代社会に対しての責任もしくは使命感に近いような感覚であったようにも思います。

そこで私は、この特集の内容をもっと広く、多くの人々に伝えることはできないかと考え、書籍として公刊することを企画しました。そして、仏教心理学に関わって主導されている先生方に、執筆の依頼のため、おそるおそる声をかけさせていただきました。まことにありがたいことに、私とは面識すらない先生方が、本書の趣旨に賛同してくださって、各章を執筆していただくことになったのです。企画から一年以上が経過しましたが、このときに参集してくださった先生方の願いは、今も変わらずに現代の悩める人々の心に向けられていることと思います。

本書の帯文に、藤田一照先生からご推薦の言葉をいただきました。心より深く感謝いたします。藤田先生は、長らくアメリカのＩＴ関連の大手企業などで坐禅の指導をされてこられました。現在は日本各地での坐禅会の指導や、執筆・講演などでご活躍され、「アップデートする仏教」、「無心のマインドフルネス」といった体感的な実践を通して、現代の悩める人々に仏教の創造的な生き方を問いかけています。

最後に、本書の出版を快く引き受けてくださった晃洋書房の編集部の井上芳郎さん、そして編集を担当してくださった坂野美鈴さんには、この場を借りて深く御礼申し上げます。とりわけ坂野さんからは、個人的な悩みで悶絶していた時期に、静かに見守ってくださり、辛抱強く原稿を待っていてくださったおかげで、なんとか書き上げることができました。メールの終わりに添えられた言葉にはいつも励まされていました。ご迷惑をおかけしたことを反省しつつも、心より感謝しております。

本書に込められた思いが読者の方々に届くことを願ってやみません。そしてまた、世界が少しでも安穏となることを祈っています。

2022年4月

坂井祐円

谷山洋三（たにやま　ようぞう）〔第4章〕
東北大学大学院文学研究科博士後期課程修了，博士（文学）．
現在，東北大学大学院文学研究科教授．
主要業績
『スピリチュアルケアを語る　第3集――臨床的教育法の試み――』（共編著），関西学院大学出版会，2010年．
『医療者と宗教者のためのスピリチュアルケア――臨床宗教師の視点から――』（単著），中外医学社，2016年．
『人は人を救えないが，「癒やす」ことはできる』（単著），河出書房新社，2018年．

井上ウィマラ（いのうえ　うぃまら）〔第5章〕
京都大学文学部哲学科宗教哲学専攻中退．
現在，マインドフルライフ研究所オフィス・らくだ主宰．
主要業績
『呼吸による癒し――実践ヴィパッサナー瞑想――』（翻訳），春秋社，2001年．
『仏教心理学キーワード事典』（編著），春秋社，2012年．
『子育てから看取りまでの臨床スピリチュアルケア』（単著），興山舎，2019年．

石川勇一（いしかわ　ゆういち）〔第6章〕
早稲田大学大学院人間科学研究科博士後期課程中途退学．
現在，相模女子大学教授，臨床心理士，公認心理師，行者（初期仏教，修験道），法喜楽庵代表．
主要業績
『スピリット・センタード・セラピー――瞑想意識による援助と悟り――』（単著），せせらぎ出版，2014年．
『修行の心理学――修験道，アマゾン・ネオ・シャーマニズム，そしてダンマへ――』（単著），コスモス・ライブラリー，2016年．
『心を救うことはできるのか――心理学・スピリチュアリティ・原始仏教からの探求――』（単著），サンガ，2019年．

池田豊應（いけだ　ほうおう）〔第7章〕
名古屋大学大学院教育学研究科博士後期課程満了．
元愛知学院大学教授．
主要業績
『ロールシャッハの現象学』（共著），東京大学出版会，1977年．
『人間学的心理学』（単著），ナカニシヤ出版，2001年．
『人間性心理学ハンドブック』（編著），創元社，2012年．

《執筆者紹介》（執筆順，＊は編著者）

＊坂 井 祐 円（さかい　ゆうえん）〔序章，第２章，あとがき〕
京都大学大学院教育学研究科博士後期課程修了，博士（教育学）．

公認心理師，臨床心理士，真宗大谷派僧侶．

現在，仁愛大学人間学部心理学科准教授．

主要業績
『仏教からケアを考える』（単著），法藏館，2015年．

『お坊さんでスクールカウンセラー』（単著），法藏館，2018年．

『スクールカウンセラーのビリーフとアクティビティ』（共編著），金子書房，2018年．

『無心のケア』（共編著），晃洋書房，2020年．

千 石 真 理（せんごく　まり）〔第１章〕
鳥取大学大学院医学系研究科博士課程修了（精神行動医学分野　医学博士），公認心理師・浄土真宗本願寺派僧侶．
現在，心身めざめ内観センター主宰，公立鳥取環境大学・神戸常盤大学非常勤講師，京都中央仏教学院相談室心理カウンセラー．
主要業績
One Dies as One Lives: The Importance of Developing Pastoral Care Services and Religious Education in Buddhist Care for the Dying and Bereaved, Edited by Jonathan S. Watts and Yoshiharu Tomatsu, Boston: Wisdom Publications, 2012.
『愛する者は死なない―東洋の知恵に学ぶ癒し―』京都大学こころの未来研究センターこころの未来叢書２（共著），晃洋書房，2015年．
『幸せになるための心身めざめ内観』（単著），佼成出版社，2017年．

玉 置 妙 憂（たまおき　みょうゆう）〔第３章〕
国際医療福祉大学大学院博士課程保健医療学医療政策専攻修了．
現在，非営利一般社団法人大慈学苑代表．
主要業績
『死にゆく人の心に寄り添う――医療と宗教の間のケア――』（単著），光文社，2019年．
『最期の対話をするために』（単著），KADOKAWA，2020年．
『逝く人を支える――ケアの専門職として，人生の最終章に寄り添う――』（単著），中央法規，2020年．

仏教は心の悩みにどう答えるのか

2022年７月20日　初版第１刷発行
＊定価はカバーに表示してあります

編著者　　坂　井　祐　円©
発行者　　萩　原　淳　平
印刷者　　江　戸　孝　典

発行所　株式会社　晃　洋　書　房
〒615-0026　京都市右京区西院北矢掛町７番地
電話　075（312）0788番㈹
振替口座　01040-6-32280

装幀　吉野　綾
印刷・製本　共同印刷工業㈱
ISBN978-4-7710-3638-3